DAUERND IS IRGENDWAS

Mit herzlichen Grüßen
von [illegible]

ISBN: 978-3-990240-48-9
2. Auflage

Peter Meissner

DAUERND IS IRGENDWAS

99 vergnügliche Geschichten über die (kleinen) Katastrophen des Alltags

KRAL VERLAG

INHALT

Also dann, herzlich willkommen! Ich begrüße Sie zur Lektüre dieses Buches, und natürlich stelle ich auch gleich die unvermeidliche und selten wirklich ernst gemeinte Frage …

WIE GEHT'S?

„Wie geht's?"

„Na, danke!"

„Danke gut oder danke schlecht?"

„Danke der Nachfrage!"

„Gern g'scheh'n!"

„Und Ihnen?"

„Eh a so!"

„Wie so?"

„Na, Danke!"

„Hören S', aus Ihnen wird ma aber a net schlau!"

„Wissen S' was? Wenn Sie des wirklich interessiert, wie's mir geht, müssen S' Ihnen a bisserl Zeit nehmen! I hab Kopfweh und an Hunger, den Tag voller unangenehmer Termine, grad a Strafmandat kriegt, schlecht g'schlafen und deshalb überhaupt ka Lust zum erklär'n wie's ma geht!"

„Sie ham aber z'erst g'fragt!"

„Ja, aber nur aus Höflichkeit! Wo komm ma denn da hin, wenn jeder immer glei so ehrlich is? Stellen S' Ihnen vor, Sie treffen a Bekannte und denken sich, na, die is aber alt worden!"

„Dann sag i: Liebe Frau Soundso, Sie werden wirklich immer jünger!"

„Richtig! Und wenn Ihnen jemand an Wein einschenkt, den ma net saufen kann?“

„Dann kann i leider gar nix trinken, weil i grad a Kur mach oder so!“

„Na also! Sie wissen eh worum’s geht! Also, was werd’n Sie des nächste Mal sagen, wenn i frag: Wie geht’s?“

„Haben S’ mich doch gern!“

Auch wenn viele glauben, dass sie nur das tun, was gerade vernünftig ist, sie irren sich. In Wirklichkeit besteht das Leben aus sehr unvernünftigen Verhaltensweisen, und einige davon sind ausgesprochen …

NEUROTISCHE RITUALE

Alles begann damit, dass Herr Walter einmal durch Zufall entdeckte, dass ein Glas warme Milch vor dem Schlafengehen wahre Wunder wirkte. Er glaubte daraufhin eindeutig besser zu schlafen, vor allem, wenn er diese Milch genau um 22.35 Uhr trank.

Nach einigen Wochen trat diese Wirkung allerdings nur dann ein, wenn Herr Walter vorher noch einmal um den Häuserblock ging und am Fußgängerübergang die Straßenseite wechselte. Kam ihm dort aber jemand entgegen, funktionierte dieser Trick leider nicht. Dann half nur eine dreiminütige Atemübung nach dem Zähneputzen, die schließlich ins Standardrepertoire aufgenommen wurde, ganz egal, ob Herr Walter am Fußgängerübergang jemand getroffen hatte oder nicht.

Im Bett nahm Herr Walter schließlich immer sofort die linksseitige Embryonalstellung ein, wobei er einen Zipfel der Bettdecke so zwischen die Beine schob, dass die Knie nicht direkt aufeinander lagen.

Einschlafen konnte er jedoch erst, wenn er genau zwei Seiten des Buches ‚Die richtige Pflege des Gummibaums' gelesen hatte. Besonders bewährt waren die Seiten 78 und 79, sodass er schließlich immer nur genau diese eine Stelle las.

Und dann lernte Herr Walter seine Brigitte kennen, und es geschah etwas, das niemand für möglich gehalten hätte. Ihr zuliebe stellte er seine neurotischen Rituale von heute auf morgen ein – aber nur so lange, bis er bemerkte, dass Brigitte nach dem Händewaschen den

Wasserhahn immer mit dem Ellbogen abdrehte, um sich nicht gleich wieder mit den gerade fortgespülten Keimen zu kontaminieren. Jetzt absolviert er wieder sein volles Programm, und Brigitte scheint es nicht einmal zu bemerken.

Das Telefon rührt sich meistens dann, wenn man es überhaupt nicht brauchen kann. Da ruft zum Beispiel eine Bekannte an, die aus purer Langeweile plaudern will, oder – noch schlimmer – es geht um eine …

MEINUNGSUMFRAGE

Robert war gerade im Gehen, als das Telefon läutete.

„Meinungsforschungsinstitut MFI, Guten Tag! Haben Sie einen Augenblick Zeit?"

„Nein!"

„Das ist sehr freundlich von Ihnen, es dauert nur fünf Minuten, und je früher wir anfangen, desto schneller ist es auch schon wieder vorbei!"

„Ich muss weg!"

„Beruflich oder privat?"

„Sag i net!"

„Also sonstiges … Wenn Sie so wie heute sonstiges zu tun haben, legen Sie ihren Weg dann zu Fuß, mit dem PKW oder einem öffentlichen Verkehrsmittel zurück?"

„Das geht Sie nichts an!"

„Meinen Sie, weil Ihr Ziel geheim bleiben soll, oder weil es Ihnen peinlich ist, dass Sie sich momentan kein Auto leisten können?"

„Weder noch! Ich bin öffentlicher Schwarzfahrer!"

„Wo fahren Sie am liebsten schwarz? ÖBB, Wiener Verkehrsbetriebe, Lokalbahn …"

„Im Lift! Aber wie blöd müssen meine Antworten eigentlich noch sein, damit sie nicht in Ihren Fragenkatalog passen?"

„Sie sind nicht blöder als der Durchschnitt. Aber angenommen, Sie fahren mit dem Lift und begegnen dort einem prominenten Österreicher. Wem würden Sie es am ehesten zutrauen, dass er den richtigen Knopf drückt?"

„Mirko Cincic"

„Kennen Sie Mirko Cincic aus der Zeitung, vom Fernsehen oder vom Plakat?"

„Vom Gang! Er ist unser Hausmeister!"

„Und das wär's auch schon fast! Eine Frage noch: Angenommen, wir hätten am kommenden Sonntag die Wahl zum Bundespräsidenten. Wen würden Sie wählen?"

„Mirko Cincic!"

Mayer und Müller sind bei uns sehr geläufige Namen. Aber ganz sicher kennen Sie auch diesen:

MAX MUSTERMANN

Bevor man selbst seinen Namen auf ein neues Formular schreiben kann, hat er sich meist schon eingetragen. Er wohnt in der Musterstraße 12, ist verheiratet mit Maria Mustermann und hat zwei Musterkinder. Der Sohn ist Musterschüler und die Tochter macht die Ausbildung zur Muster-Designerin.

Mustermanns berufliche Karriere bei der Muster AG ist bisher musterhaft verlaufen, und so leistet er sich spielend sein großes Musterauto und fährt damit einmal pro Jahr nach Musterkirchen auf Urlaub.

Seine Musterfrau schätzt ihn als Mustergatten, doch offensichtlich nur deshalb, weil Max Mustermann seine außerehelichen Abenteuer musterhaft zu verbergen weiß.

Wegen nicht ganz sauberen Geschäften im Zusammenhang mit dem Bau von Musterhäusern wäre Max Mustermann unlängst sogar beinahe in einen Musterprozess verwickelt worden, aber Mustermanns mustergültige Beziehungen zur Regierung haben ihn vorerst gerettet.

Eines Tages jedoch wird man Mustermann auf die Schliche kommen, denn Leute wie er leben immer nach demselben Verhaltensmuster: Nach außen spielen sie den Musterknaben und innerlich sind sie ein Muster an Verkommenheit!

Zufällige Begegnungen auf der Strasse können mitunter recht peinlich werden. Denn aus unerfindlichen Gründen fühlt sich jeder verpflichtet, sofort eine Einladung auszusprechen, mit den schlichten Worten …

Besuchen Sie mich doch!

„Ja, Grüß Gott, na das ist schön,
dass wir zwei uns wiedersehn!
Eine Ewigkeit ist's her,
nein, noch länger, bitte sehr,
dass wir so geplaudert hab'n,
mach ma doch was, irgendwann!
Kommen S' mich einmal besuchen,
sonntags bei Kaffee und Kuchen,
gleich am nächsten Wochenend,
weil ich das sehr günstig fänd!
Nein, es geht erst in zwei Wochen?
Da hab ich schon was versprochen.
Wie wär's denn ein Monat später?
Was sag'n Sie, da wird's noch blöder,
weil da gehn Sie dann auf Kur?
Na, dann sag ich eines nur:
In zwei Jahren oder drei
ist bei mir noch alles frei.
Rufen S' mich ganz einfach dann,
wenn Sie Zeit hab'n, einmal an!
Und jetzt, da entschuld'gen S' mich,
ich hab's eilig, fürchterlich!"
Sprach's und seufzt mit einem Stoß:
„So, den Trottel wär ich los!"

In der folgenden Geschichte ist trotzdem ein kleiner Besuch zustande gekommen. Der Zweck des Dialogs besteht aber ausschließlich darin, möglichst viele Vornamen unterzubringen. In diesem Sinn wünsche ich …

ANETTE HALBE STUNDE

„Komm setz dich *Herbert*, mach ma uns *Anette* halbe Stunde!“

„Schön habt ihr's hier, mit diesem Blick auf den *Ilse*! *Franz*iskaner da?“

„Der ist noch in der Arbeit, und ich muss mich wieder allein um die Kinder kümmern!“ (Zu ihrem Kind): „Du gehst jetzt endlich ins *Bettina*!“

„*Marlies* mir doch noch ein Märchen vor, von den Sieben Geißlein und dem bösen *Wolfgang*!“ (Das Kind trottet davon)

„Wasch dich erst einmal, das geht noch *Reiner*! Und dann nimm das Nachthemd aus Poly*esther*! Und du, warst du schon am *Klothilde*?“

„Wer bellt denn da? Einen Hund habt ihr jetzt auch?“

„Ja, ich weiß nicht, was er gerade will. *Isabell* nicht so laut! Und *Marlene* dich nicht an die frisch gestrichene *Wanda*!“

„Das Leben wird halt täglich *Herta*! Das seh ich immer *Klara*! Ich weiß auch nicht, was ich ohne *Bernadette*!“

„Habt ihr eigentlich auch Kinder?“

„Einen *Sonja*! Er möchte gerne Fußballer werden, aber er trifft immer nur *Andy* Latte! Dann schiebt er allen anderen den Schwarzen *Peter* zu, und dabei hat er *Anton* drauf, dass ich immer sag: Sei nicht so *Hartmut*!“

„Also, ich seh das nicht so *Ernst*. Unlängst schreit mein Ältester:

Ingeborg mir fünf Euro! Mein Börsel ist mir in den *Bruno* gefallen! Und sie antwortet: *I? Na!* Einen *Astrid* kannst du haben!"

„*Nanette*, also das machert zum Beispiel der *Stefanie*!"

„Wer ist das?"

„Das Kind von der *Linda* drüben!"

„Entschuldige, ich muss einmal schauen, dass der kleine *Willibald* mit dem Essen fertig wird! … So, jetzt nimmst du die *Gabi* und schaust wie das Fischi schmeckt! Das schmeckt super, *Gudrun*!"

„Ich würde keinen Fisch essen, ich wäre einmal an einer *Grete* fast erstickt!"

„*Ge-org*!"

Alles was recht ist. Aber wie soll ich mein Leben noch auf die Reihe bringen? Jeder will …

Fünf Minuten täglich

Begonnen hat es mit einem interessanten Büchlein über autogenes Training. ‚Täglich fünf Minuten können Ihr ganzes Leben verändern!', las ich in dem kleinen Ratgeber, und ich versuchte es. Während ich so da saß und nur an meine immer schwerer und wärmer werdenden Hände dachte, fiel mir ein, dass ich ja auch täglich fünf Minuten Gedächtnistraining machen wollte, aber bisher hatte ich immer darauf vergessen. Seufzend öffnete ich die Augen und erblickte die hängenden Blätter meiner Zimmerpflanzen. Ich weiß schon, dachte ich, fünf Minuten des Tages sollte man seinen Zimmerpflanzen widmen, am besten gleich nachdem man fünf Minuten mit dem Staubsauger herumgefahren ist. Das macht sich bezahlt, genau so wie täglich jeweils fünf Minuten Wirbelsäulenübungen und Augengymnastik.

Ich wollte aber eigentlich auch immer schon täglich fünf Minuten Power-Napping, das heißt Mittagsschlaf, unterbringen, aber das wurde jetzt langsam ein bisserl eng.

Meine Mutter rief mich an und klagte, dass es doch wohl nicht zu viel verlangt wäre, wenigstens einmal am Tag fünf Minuten mit ihr zu telefonieren. Die Katze strich um meine Beine herum, weil sie ihre täglichen fünf Schmuseminuten verlangte. Dabei wollte ich aber vorher noch fünf Minuten überlegen, ob das Leben, so wie ich es jetzt führte, sinnvoll war.

Das mach ich jeden Tag, genau so wie täglich fünf Minuten kalt duschen, Kopfhaut massieren und auf dem Zimmerrad fahren. Jetzt komme ich aber gerade nicht dazu, denn es läutet an der Tür. Ein Student steht draußen und fragt mich, ob ich vielleicht fünf Minuten Zeit hätte. Er will mir eine neue Zeitung verkaufen, weil man sich doch wenigstens fünf Minuten täglich mit brennenden Umweltthemen beschäftigen sollte. Ich werfe ihm aber aufgebracht die Türe vor der Nase zu, weil ich gerade bemerke, dass mir mein Vorrat an täglichen fünf Minuten längst ausgegangen ist.

Überall gibt es Modeerscheinungen, sogar in der Wissenschaft. So sollte man zum Beispiel alle paar Jahre etwas anderes tun, um ein gesünderes Leben zu führen. Erstaunlich lange hält sich schon dieses …

JOGGEN UND WALKEN

„Da schau her, a Jogger! An dem kannst dir a Beispiel nehmen!“

„Der joggt net, der rennt …“

„Geh, warum sollte denn der rennen?“

„Vielleicht, weil er sonst den Bus versäumt!“

„I sag dir, dass der joggt! Des merkt ma daran, dass er zwar rennt, aber net richtig weiter kommt!“

„Er kommt nur deshalb net weiter, weil er jetzt geht! Wahrscheinlich is ihm die Luft ausgangen!“

„Aber ka Spur. Jetzt tut er walken!“

„I würd eher sagen, er hatscht!“

„Vielleicht hat er sich den Fuß verstaucht! Des kann an Jogger genau so passieren wie an Walker!“

„Vielleicht eher an Walker, der ausnahmsweis joggt. Weil der sicher g'fährlicher unterwegs is wie a Jogger, der walkt!“

„Logisch! A Wurzel oder a Bananenschalen kannst beim Joggen leicht überseh'n, überhaupt wennst sonst a Walker bist!“

„Aber in dem Moment, wo einer hatscht, kannst gar nimmer sagen, ob einer in Wirklichkeit a Jogger oder a Walker is. Dann könnt er sogar a Wanderer sein!“

„Oder einer, der gar nix is und einfach nur spazieren geht!“

„Aber der da drüben is ja grad noch g'rennt!“

„Vielleicht is er a Wanderer, der probeweis joggen war und jetzt draufkommen is, dass er lieber hatscht!“

„Blödsinn! Freiwillig hatscht man et!“

„Du tust ja net amal freiwillig joggen!“

„I hab jetzt sicher ka Zeit zum joggen! I muss jetzt nämlich geh’n!“

Wenn man eine wichtige Erkenntnis gewonnen hat, dann sollte man sie auch weitergeben. Deshalb erzähle ich Ihnen gerne von dieser Anleitung zur …

GEWICHTSREDUKTION

Übergewichtigkeit ist in vielen wirtschaftlich florierenden Ländern der Erde ein großes gesundheitspolitisches Problem. Aber auch ganz privat führt jeder zweite Mensch einen stillen Kampf gegen unerwünschtes Körperfett. Was ist da nicht schon alles propagiert worden? Doch kürzlich hab ich in einem Bericht der europäischen Gewichtsreduktionskommission EU-Antiblad einen wissenschaftlichen Aufsatz gelesen, der alles bisher da gewesene revolutioniert. Ich möchte die darin veröffentlichten Erkenntnisse gerne an Sie weitergeben, denn sie sind ebenso verblüffend wie physikalisch einleuchtend.

Jeder weiß, dass man zum Erwärmen einer Substanz Energie benötigt. Nehmen wir also eine Speise zu uns, die kälter ist als unser eigener Körper, so muss Energie aufgebracht werden, um diese auf ein Temperaturniveau von 37 Grad Celsius zu heben. Selbige Energie wird durch Verbrennung von Körperfett gewonnen und – wir nehmen ab.

Schon eine Portion kalter Schweinsbraten oder ein großes Stück Torte aus dem Kühlschrank kann also zur deutlichen Gewichtsabnahme führen, erst recht natürlich ein Becher Speiseeis. Wer sich einen ganzen Sommer lang nur von Coup Dänemark, Birne Helene und Mozartbechern ernährt, wird sich wundern, wenn er im Herbst wieder auf die Waage steigt.

Falls Sie kein Freund von Süßigkeiten sind, empfiehlt sich der reichliche Genuss von kaltem Bier. Vereinfacht gesagt gilt nämlich folgendes: Um ein Gramm Wasser um ein Grad Celsius zu erwärmen, benötigen Sie rund eine Kalorie. Und daraus kann auch der mathematische Laie errechnen, dass der Körper bei einem Glas Bier mit 500 Gramm Inhalt und einer Trinktemperatur von null Grad fast 19.000 Kalorien aufbringen muss, um diese Menge Flüssigkeit auf 37 Grad Celsius zu erwärmen. Die dadurch bedingten Möglichkeiten der Gewichtsreduktion sind also gewaltig.

Übertreiben Sie es aber nicht, sonst können Sie nach einer zweimonatigen Kur mit kaltem Bier, Schweinsbraten und Eis nur mehr als Skelett in der Geisterbahn auftreten.

Moderne Medikamente können schon wahre Wunder wirken. Ganz gezielt wirken sie gegen das gewünschte oder vielmehr unerwünschte Leiden, aber sie haben halt auch alle ihre …

NEBENWIRKUNGEN

„Also, Herr Berger, gegen Ihre Pollenallergie können wir schon was unternehmen. Ich verschreib Ihnen da einmal eine Packung Allergocin!“

„Kann’s da irgendwelche Nebenwirkungen geben?“

„Nebenwirkungen sind immer möglich. Beim Allergocin vor allem Kopfschmerzen und Mundtrockenheit!“

„Und gibt’s da keine Alternative?“

„Natürlich! Ich kann Ihnen auch das Pollaren forte geben, nur werden S’ da vielleicht a bisserl benommen und kriegen Durchfall und Bauchweh!“

„Hm, dann entscheid ich mich doch lieber für die Mundtrockenheit und des Kopfweh.“

„Sehr vernünftig! Wenn die Kopfschmerzen zu arg werden, können S’ ja immer noch ein Migränostop nehmen!“

„Und was kriegt ma von dem?“

„Herzjagen und Schwindel. Außerdem sollten Sie nicht gerade stillen!“

„Da brauchen Sie sich keine Sorgen machen. I bin net amal no schwanger! Aber Herr Doktor, wäre das möglich, dass ich gegen dieses Herzjagen ein Rhythmoskopan nehme?“

„Grundsätzlich spricht nichts dagegen, allerdings müssen Sie dann mit Schlaflosigkeit und Muskelschmerzen rechnen!“

„Na ja, mit dem Schlafen hab ich keine Probleme, weil ich mich da ganz auf mein Relaxophen verlassen kann!“

„Sie wissen aber hoffentlich, dass man auf dieses Relaxophen manchmal mit depressiven Verstimmungen und Ausschlägen reagiert! Die könnte man zwar mit einem Happy-med abfangen, nur verursacht das gern eine gewisse Blasenschwäche!“

„Oh je!“

„Versuchen S' doch einmal die Träumolind-Dragees! Die machen höchstens Gedächtnisstörungen und Halluzinationen!“

„Das wär net so tragisch. Gedächtnisstörungen hab i so a! Zum Beispiel weiß ich jetzt gar nimmer, warum ich überhaupt zu Ihnen kommen bin!“

„Wegen der Pollenallergie!“

„Ja richtig! Aber Herr Doktor, vergess ma die ganze G'schicht! Wenn ich mir des so überleg, dann hab ich jetzt gar nix mehr gegen diese herzigen, kleinen Pollen! Und wenn ich a paar Mal niesen muss, dann freu ich mich nur, dass mir sonst nix fehlt!“

Früher hat man erst dann etwas für seinen Körper getan, wenn man wirklich krank war. Heute lebt man gerne …

Gesundheitsbewusst

War'n Sie heute früh schon laufen
und am Zimmerfahrrad schnaufen?
Hab'n Sie sich auch fest gequält
und die Pulsfrequenz gezählt?
War'n Sie vorsichtig beim Essen
und hab'n nicht darauf vergessen,
dass man Fette meiden muss
und den Alkoholgenuss?
Schau'n Sie auf's Cholesterin,
Kalzium und Vitamin?
Denn wenn davon etwas fehlt
geht man früher aus der Welt!
Tun Sie was für Ihre Haut?
Denn die ist schnell abgebaut!
Und trainieren Sie das Hirn?
Weil sonst ist bald leer die Birn!
Nein? Sie hab'n ein schlechtes G'wissen?
Das ist gut, müssen Sie wissen,
denn von dem lebt gut wie nie
eine ganze Industrie!

Nein, das folgende Virus hat jetzt nichts mit Ihrer Gesundheit zu tun. Vielmehr trifft es jeden, der mit seinem Computer im Internet arbeitet. Da findet man unter seinen E-Mails immer wieder die alarmierende Meldung …

ACHTUNG VIRUSWARNUNG

Falls Sie ein E-Mail mit der angefügten Datei *Adgebadge* (sprich: Ätschibätsch) bekommen, öffnen Sie diese keinesfalls. Sie enthält das gefährlichste aller bisher bekannten Computerviren.

Adgebadge löscht nicht nur alle Daten auf Ihrer Festplatte, sondern auch sämtliche handschriftlichen Notizen, die in der Nähe Ihres Computers liegen.

Es programmiert Ihren Videorecorder und Ihre Heizung um, verstellt alle Uhren Ihres Hauses und löst die Abtauautomatik der Tiefkühltruhe aus.

Adgebadge schaltet den Geschirrspüler auf Schleudern im Schnellgang und macht Ihr Telefon zum Staubsauger. Es schließt Ihr Garagentor in dem Moment, in dem Sie darunter durchfahren und verbindet das Zündkabel mit dem Benzintank.

Adgebadge beschädigt die Kunststoffisolation Ihrer elektrischen Zahnbürste, definiert die Temperatur des Wassers in der Dusche mit 150 Grad Celsius und verdoppelt die Frequenz Ihres Herzschrittmachers.

Weitere wichtige Informationen finden Sie in der angefügten Datei *Adgebadge*.

Wollen Sie die Datei jetzt öffnen?

Bei Problemen ist es immer gut, wenn man einen hilfreichen Fachmann kennt. Das gilt insbesondere für …

Computerprobleme

„Servas Karl, du musst ma helfen, i waß nimmer, was i machen soll! Mei Laptop lasst si net mit'm Internet verbinden, und wenn des jetzt net glei funktioniert, dann schmeiß i'n beim Fenster raus!"

„Also bitte, an so was soll ma net amal denken! Der Computer kann ja nix dafür!"

„Oh ja! Des macht er absichtlich, weil er genau waß, dass i mi dann ärger!"

„Der Rechner tut nur des, was du ihm eingibst! Pass auf, i sag dir jetzt genau, was du machen musst!"

„Bitte tu des! I hab scho drei Schnäps trunken aus lauter Verzweiflung!"

„Solche Probleme kann ma aber nur nüchtern und systematisch lösen! Hör zu, du gehst jetzt in die *Systemsteuerung*, dann auf *Internet- und Netzwerkverbindungen* und klickst auf *Einrichten*!"

„Da war i heute schon zehn mal! Da kommt dann so a komischer Assistent, und der macht ma dann alles z' Fleiß!"

„Immer mit der Ruhe! Was steht am Bildschirm, wenn du auf *Internetanbieter* klickst?"

„Dann kommt *Zugang über MSN* erstellen, und wenn i des machen will, braucht er a *aktiviertes TCP/IP-Protokoll*!"

„Des versteh i zwar jetzt a net ganz, aber schau amal unter *Einstellungen*, geh auf *LAN-Verbindung* und sag *Konfigurieren*!"

„Dann will er a *Host-Adress*, und wenn i auf *Ausführen* geh, stürzt er ab! I brauch no an Schnaps!“

„Den kannst später trinken! Ziag erst einmal des Internet-Verbindungskabel aus’m Rechner und schau, ob unten auf der Straßen vor’m Haus einer steht!“

„Und dann?“

„Dann schmeißt den Laptop beim Fenster raus!“

Zwischen Männern und Frauen gibt es Unterschiede auf allen Ebenen. Besonders deutlich wird das im Umgang mit dem Auto, wenn etwa ein Radwechsel notwendig ist oder ein simpler …

LAMPENTAUSCH

Nehmen wir einmal an, eine Scheinwerferbirne ist den Weg aller Birnen gegangen und durchgebrannt. Dann wird eine Frau üblicherweise an die Tankstelle oder in eine Werkstatt fahren und die Birne dort wechseln lassen.

Ein technisch halbwegs begabter Mann nimmt den Lampentausch dagegen selbst vor. Der ist ja im Grunde auch recht einfach:

Zuerst wird die Motorhaube geöffnet, ein Zugang zur kaputten Birne gesucht, festgestellt, dass der Behälter mit der Scheibenwaschanlage im Weg ist, auf den Konstrukteur des Autos geschimpft, eine Taschenlampe geholt, ein Spiegel geholt, die Brille aufgesetzt, eine Bierflasche aufgemacht, in der Betriebsanleitung nachgeschlagen, kein Wort über den Birnentausch gefunden, auf den Konstrukteur geschimpft, ein Schluck Bier getrunken, mit den Fingern der Lampenstecker ertastet, am Stecker gezogen, ganz stark am Stecker gezogen, die Hand am Motorblock angeschlagen, nach einem Pflaster gesucht, die Wunde versorgt, Bier getrunken, die alte Birne wider Erwarten herausgeholt, die neue Lampe eingepasst, die Lampe andersherum eingepasst, ein Schluck Bier getrunken, die Birne beim dritten Versuch fallen gelassen und mit einem Draht aus den Tiefen des Motorraums geborgen, dabei das neue T-Shirt ruiniert, Bier getrunken und noch einmal eine halbe Stunde herumgeschissen.

Anschließend wird der Scheinwerfer ausprobiert und festgestellt, dass die Birne beim Hinunterfallen kaputt gegangen ist.

Nun gibt es für den Mann zwei Möglichkeiten: Entweder er ist ehrgeizig und beginnt die Prozedur von vorne, oder er hat eine

Frau, der er das Problem übergeben kann. Am besten mit den beiläufig dahin gesagten Worten: „Liebling, hast du eigentlich schon bemerkt, dass der rechte Scheinwerfer nicht funktioniert?“

Wenn heute jemand eine öffentliche Rede hält, dann hat er ein Problem, das vor ein paar Jahren noch völlig unbekannt war. Er muss, um politisch korrekt zu sein, …

Gendern

Liebe Mitbürgerinnen und Mitbürger und vor allem meine lieben Radfahrerinnen und Radfahrer!

Wieder ist es gelungen, einen entscheidenden Schritt für die Menschinnen und Menschen in unserer Gemeinde zu tun. Wir haben den heute schon zahlreichen Radständerinnen und -ständern einen neuen hinzugefügt und wollen ihn jetzt feierlich eröffnen. Er bietet Platz für zehn Fahrräderinnen und - räder, die hier sicher abgestellt werden können, damit es die Diebinnen und Diebe in Zukunft nicht mehr so einfach haben. Wir Gemeindeväter und –mütter beweisen damit einmal mehr unser Verantwortungsbewusstsein für die heutigen Probleme und Probleminnen.

‚Nach oben buckeln, nach unten treten', Radfahren hat bekanntlich immer Saison, haha, aber ganz im Ernst und Ernestine: Es gibt Damen- und Herrenfahrräder. Beim Radeln herrscht eine Gleichberechtigung, von der wir in der Gesellschaft leider noch weit entfernt sind. Das wollen wir ändern! Schluss mit den diskriminierenden Blondinenwitzen. Wir Männer müssen uns daran gewöhnen, dass bei seichten Scherzen über unsere Frauen die Haarfarbe keine Rolle mehr spielen darf. Wenn *er* heute fernsieht und *sie* zusammenräumt, dann sollte am nächsten Tag *sie* zusammenräumen und *er* fernsehen dürfen! In vielen Familien wir das ja auch schon ganz selbstverständlich so gemacht.

Und ich sage es hier an dieser Stelle wieder: Wir nehmen die Frauenquoten ernst! Wir sind heute soweit, dass in der Geburtenabteilung unseres Krankenhauses hundert Prozent aller Kinder von Frauen geboren werden!

Liebe Mit- und bürgerinnen! Ich gebe zu, wir Männer haben lange gebraucht, um zu verstehen, worum es geht. Aber jetzt sind wir auf dem richtigen Weg. Nämlich zu den Wirtinnen und Wirten, wo wir am Stammtisch unsere Arbeit erfolgreich weiterführen wollen. Ich danke für Ihre Aufmerksamkeit und … Aufmerksamkeit!

Wenn Männer und Frauen gemeinsam einkaufen ist das oft problematisch und vielleicht sogar der Grund mancher Ehekrise. Betreten wir also unauffällig die Damenmodenabteilung eines Kaufhauses und belauschen wir folgendes Kundengespräch zum Thema …

HERBSTGARDEROBE

Eine resolute Dame in Begleitung ihres offensichtlich widerwillig mitgekommenen Ehegatten wendet sich an einen der adretten Verkäufer:

„Grüß Gott, ich suche ein hübsches Kostüm für den Herbst!"

„Kein Problem, meine Dame, wir haben eine große Auswahl in allen aktuellen Farben!"

„Große Auswahl ist schlecht! Da werd'n ma länger brauchen!", murmelt der Ehegatte vor sich hin.

„Wie meinen der Herr?"

„Na, nix!"

Der Ehegatte blickt desinteressiert in die Ferne, während der Verkäufer flink ein Kostüm von der Stange nimmt.

„Da wär zum Beispiel schon etwas, das ich mir gut vorstellen könnte. Größe 50?"

„48, wenn ich bitten darf! Aber das passt nicht zu mir!"

Die Dame ist empört, doch ihr Mann gibt noch einen drauf. „Lass Dir vielleicht einen Faltenrock zeigen! Der passt sicher!"

„Alfred, lass mich bitte in Ruhe! Ich red Dir im Baumarkt ja auch nicht dauernd drein!"

„Bitte, ich sag kein Wort mehr!"

Der Verkäufer ignoriert das eheliche Geplänkel und hat inzwischen ein anderes Kleidungsstück hervorgeholt.

„Dieses Kostüm wäre sportlicher und ist auch etwas leichter!“

„Alfred? Was meinst Du? So sag doch was!“

„Du wolltest doch was für’n Herbst, und net so was Dünnes!“

„Aber das könnt ich auch anziehen, wenn’s wärmer is!“

„Und wenn’s kälter wird?“

„Red nicht dauernd dazwischen!“

„Wünschen Sie doch mehr was für den Sommer?“, schaltet sich der Verkäufer wieder ein.

„Na, für’n Herbst!“, beharrt die Frau.

„Also was Wärmeres … ?“

„Meine Frau meint was Wärmeres für die kühlere Jahreszeit, was man aber auch tragen kann, wenn’s net so kalt is!“

„Aber auf jeden Fall was Herbstliches!“

Der Verkäufer wird allmählich merkbar ungeduldig: „In Maronibraun, Herbstlaubrot oder Weintraubengrün?“

„Wie wär’s mit Allerseelengrau?“, schlägt der Ehemann grinsend vor.

„Alfred, mit Dir kann ma net einkaufen, wennst immer dazwischenredst! Wir gengan!“

Der Verkäufer verneigt sich.

„Beehren Sie uns bald wieder! Vielleicht an einem heißen Wintertag! Da haben wir nämlich die kühleren Frühlingssachen in Aktion, die man auch an den warmen Herbsttagen anziehen kann!“

„Alfred, i glaub, der pflanzt uns!“

„Du hast wie immer recht!“

„Und Du sollst net immer dazwischenreden!“

Es könnte einem ja wirklich egal sein, was er macht und was er hat. Doch der Frau Herta ist er leider gar nicht wurscht, …

Der Nachbar

Die Herta sagt zum Mann, dem Kurt:
„Siehst du das neue Auto durt?
Das g'hört dem Müller nebenan,
wieso sich der das leisten kann?
Doch muss ich sag'n, dass es mir g'fallt!
Auch unser Auto ist schon alt,
da g'hört einmal was Neues her,
wir sind ja auch nicht irgendwer!"
Der Kurt erfüllt den Wunsch der Frau,
doch bald sieht man es ganz genau,
der Nachbar baut die Wohnung aus,
an Wintergarten hint hinaus.
Die Herta sagt zum Kurt: „Ich brauch
so einen Wintergarten auch!"
Und kaum macht der ein Biotop
wird Herta fast ein bisserl grob:
„Gleich morgen", schimpft sie ihren Mann,
„rufst du den Baggerfahrer an!"
Der Kurt macht alles, was sie will,
doch eines Tags sagt er ganz still:
„Du glaubst es nicht, der Müller hat
sich scheiden lassen, hör ich grad.
Sei Frau ging ihm auf d'Nerven sehr.
Was meinst du, mach ma's wie bisher?"

Wenn es nach den regierenden Politikern geht, dann sind alle Meldungen über eine hohe Arbeitslosigkeit das Ergebnis mutwilliger Missverständnisse. In Wirklichkeit liegt das Problem bei den Beschäftigungslosen selbst. Sie sind nämlich zu wenig …

FLEXIBEL

„Na, Herr Postl, Sie schauen aber gar nicht gut aus!"

„Es ist mir auch schon besser gangen! Ich hab in letzter Zeit ziemlich viele berufliche Probleme g'habt!"

„Ja, heutzutag muss man eben flexibel sein!"

„Flexibel?! Wenn ich das schon hör! Wenn das einer ist, dann ich! Ich hab immerhin jeden Monat einen anderen Beruf!"

„Können S' mir das näher erklären?"

„Angefangen hat's damit, dass meine alte Firma zug'sperrt hat. Und dann ist mein Arzt noch der Meinung g'wesen, dass einseitige Belastungen nicht gut sind für'n Körper. Also hab ich mit ihm gewettet, ich mach das ganze Jahr über möglichst viele verschiedene Arbeiten, und zwar immer die, was gerade besonders gefragt sind!"

„Wie hat das funktioniert?"

„Des hat so ausg'schaut, dass ich im Jänner zum Beispiel als Rauchfangkehrer gangen bin, wegen dem Trinkgeld, was man da kriegt. Im Februar war ich Schilehrer, im März Gartengestalter und im April Fensterputzer ..."

„Ich versteh! Und im Mai?"

„Da war ich Standesbeamter, wegen der vielen Hochzeiten. Im Juni bin ich Nachhilfelehrer für die letzten Prüfungen g'wesen, im Juli natürlich Badewaschl und im August Fremdenführer für die Touristen …"

„Genial, Herr Postl! Und im September waren Sie wahrscheinlich Kastanien klauben!“

„Nein, sondern Schülerlotse wegen dem Schulanfang, im Oktober bin ich Wein lesen gangen, im November als Pompfeneberer und im Dezember natürlich als Christbaumverkäufer!“

„Perfekt, Herr Postl! Aber dann frag ich mich, wieso's Ihnen jetzt nicht gut geht! Ihr Leben ist ja tadellos eingeteilt!“

„Schaun S', das kommt daher, dass ich im letzten Februar nur an Job als Badewaschl kriegt hab und dafür im Juli Schilehrer g'wesen bin. Und dadurch ist alles durcheinander kommen! Im Jänner war ich Gärtner, wo natürlich a net viel zum Verdienen war, im März Wein lesen und im August Christbaum verkaufen! Aber jetzt geht's eh schon wieder bergauf!“

„Wieso das, Herr Postl?“

„Jetzt bin ich ganzjährig Berufsberater! Und wenn einer kommt, der net weiß, was er machen soll, dann sag ich ihm: Sie müssen halt flexibel sein!“

Man klagt oft darüber, dass die Kinder in der Schule unnötige Sachen lernen und nicht richtig auf das Leben vorbereitet werden. Vielleicht stimmt das gar nicht, und die kleinen Racker üben schon ganz fleißig …

ZEITGEMÄSSES WIRTSCHAFTSLEBEN

Der Mathematiklehrer wunderte sich. Die Schüler der 3c brachten in letzter Zeit ordnungsgemäß alle Hausaufgaben, und bei den Schularbeiten gab es durchwegs gute Noten. Fand er trotzdem einen Fehler, dann tauchte der in allen Heften auf. Das ging doch nicht mit rechten Dingen zu, dachte er, und begann nachzuforschen. Bald wurde deutlich, dass sich die Klasse organisiert hatte. Der eher ungeliebte Gegenstand Mathematik war ausgelagert worden. Es wäre völlig unwirtschaftlich, wenn sich jeder einzeln den Kopf zerbräche, erzählte ein geheimer Informant. Deshalb hätte man einen pensionierten Universitätsprofessor dafür gewonnen, gegen ein steuerfreies Taschengeld die Aufgaben für die ganze Klasse zu lösen. Via SMS auch bei den Schularbeiten.

Man denke daran, diese Vorgehensweise demnächst auch in Deutsch und Leibesübungen einzuführen, denn es gäbe ja genug Leute, die gerne Aufsätze schreiben und Sport betreiben würden. Da müsse man ja nicht unbedingt jeden damit belästigen.

Eigentlich gar nicht so blöd, dachte der Lehrer. Seine Schüler hatten die Regeln der heutigen Wirtschaft ganz offensichtlich begriffen. Auch die Arbeiten des Schulwarts waren ja längst einer externen Reinigungsfirma übergeben worden, und ein privates Busunternehmen brachte die Kinder in die Schule. Die Gemeinde, der Staat, jeder hatte das, was er nicht gerne selbst erledigen wollte beziehungsweise unwirtschaftlich war, irgendeiner Firma übergeben.

Nur er nicht, verdammt noch einmal! Nur er, Mathematiklehrer

Reinhard Tüftler machte immer noch alles selbst! Das konnte nicht so weiter gehen!

Als erstes übertrug er die Verbesserung der Schularbeiten an den pensionierten Professor, den schon seine Schüler engagiert hatten, und dann begann er auch alles andere ein wenig umzustrukturieren.

Gemeinsam mit seiner Frau gründete er die Firma Tüftler-Family Ges.m.b.H. mit dem Unternehmenszweck der Aufzucht seiner drei Kinder. Dadurch wurden zunächst einmal sämtliche Aktivitäten und Investitionen der Familie zu steuerlichen Abschreibposten. Als Tochterfirma eröffnete Frau Tüftler das Taxiunternehmen Tüftler-Familiy-Cargo, das sich über Beförderungsaufträge nicht beklagen musste und schöne Gewinne machte. Die Kinder konnten diese Taxifahrten auch ohne weiteres bezahlen, weil sie bei Tüftler-Family als Praktikanten beschäftigt wurden. Dass sie diese Aufträge nicht immer selbst erledigten, sondern gerne an ihre Freunde und Freundinnen weitergaben, versteht sich von selbst.

Herr Tüftler selbst begnügte sich fortan mit dem gut dotierten Posten eines Konsulenten beim Tüftler-Family-Konzern.

Dann wachte er auf. Er war über der Verbesserung einer Schularbeit der 3c eingeschlafen.

Bei einem Gespräch zwischen Opa und Enkelkind tun sich oft Abgründe auf. Die Jungen können es sich nämlich überhaupt nicht vorstellen, wie es war, …

Seinerzeit

„Opa, du hast doch einmal erzählt, du kannst dich dran erinnern, wie's noch keinen Fernseher gegeben hat! Ist das wirklich wahr?"

„Ja, mein Kind!"

„Also wirklich gar keine Fernseher oder nur keine Flachbildschirme?"

„Wirklich gar keine …"

„Aber was habt ihr denn da so den ganzen Abend gemacht? Computer gespielt?"

„Liebes Kind, von Computern war damals noch gar keine Rede!"

„Von wo hast du dann deine Spiele herunter geladen?"

„Unsere Spiele hat man nirgends runter laden müssen!"

„Die waren alle am Handy drauf? Nein! Sag nicht, das habt ihr auch noch nicht gehabt!"

„Weder Handy noch Festnetz! Wenn wir telefonieren wollten, sind wir zum Nachbarn gegangen …"

„Opa, wie alt bist du jetzt eigentlich?"

„Sechzig Jahre!"

„Aber die Autos waren schon erfunden, wie du klein warst …?"

„Natürlich! Nur haben wir keines gehabt! Übrigens auch keinen Kühlschrank, keine Waschmaschine und keinen Staubsauger!"

„Dann musst du ja auch noch den Kaiser Franz-Joseph erlebt haben …"

„Nein, der ist ein paar Tage vor meiner Geburt gestorben. Und ich hab's auch nur ganz knapp verpasst, wie der Stephansdom gebaut worden ist!"

„Schade!"

„Aber *du* wirst vielleicht einmal erzählen können, dass du *mich* noch gekannt hast! Und das wird dir dann auch keiner glauben wollen!"

Je unruhiger die Zeiten sind (wann waren sie eigentlich jemals ruhig?), desto dringender wird das Bedürfnis nach Sicherheit, wenigstens innerhalb der eigenen vier Wände. Deshalb kaufen sich viele Leute eine …

Alarmanlage

Das alte Ehepaar Hoppel hat sich eine Alarmanlage angeschafft. Es besitzt zwar keine Reichtümer, die man sichern müsste, doch wäre ein Einbruch an sich schon schlimm genug.

So wurden also an allen in Frage kommenden Fenstern und Türen Kontakte befestigt, man installierte Bewegungsmelder, eine kräftige Alarmsirene und einen Steuerungscomputer gleich neben dem Eingang.

Als der Alarmanlagenspezialist mit der Arbeit fertig war, erklärte er den Hoppels, wie sie das Ganze bedienen sollten und ließ sie dann mit dem elektronischen Wunderwerk allein.

„Also, wie ist das jetzt?“, fragte Frau Hoppel ihren Mann. „Wenn ich hier drücke, dann ist diese Höllenmaschine eingeschaltet. Und gebe ich dann da unsere Geheimzahl ein, kann ich mich in der Wohnung wieder frei bewegen …“

„Probier’s gleich einmal!“, sagte Herr Hoppel. Seine Frau drückte auf die Tasten, begann sich in der Wohnung frei zu bewegen und bekam fast einen Herzinfarkt, als die Alarmanlage anschlug.

„Alles in Ordnung!“, versicherte Herr Hoppel den Nachbarn, die infolge des Alarms sofort herbeigeeilt waren. „Meine Frau hat nur den falschen Code eingetippt!“

„Wir haben uns doch auf unseren Hochzeitstag geeinigt: 0305!“, sagte Herr Hoppel etwas später zu seiner Frau.

„Ja, das war aber nur der standesamtliche!“, verteidigte sich Frau

Hoppel. „Ich hab natürlich die kirchliche Hochzeit eingetippt, weil die doch viel schöner war!“

Man einigte sich. Die Alarmanlage wurde am Abend scharf gestellt, und als Herr Hoppel in der Nacht auf’s Klo gehen musste, erschallte der nächste Alarm. Diesmal kam gleich die Polizei.

„Tut mir leid! Wir werden die Sache schon in den Griff bekommen!“, versicherte Herr Hoppel im blaugestreiften Pyjama.

Der nächste Alarm erfolgte, als die Hoppels spazieren gehen wollten und sie noch einmal kurz zurück ging, um die vergessene Geldbörse zu holen. Diesmal winkten die Nachbarn nur mehr verständnisvoll aus ihren Fenstern.

Das Ehepaar Hoppel ist mit der Zeit natürlich immer vorsichtiger geworden. Überall in der Wohnung hängen Zettel mit der Aufschrift ‚Alarmanlage ausgeschaltet?’ herum, neben Herrn Hoppels Bett steht ein Nachttopf, damit er nicht rausgehen muss, und das Datum der Hochzeit ist sicherheitshalber auf zwei Armbändern vermerkt, die Hoppels immer bei sich tragen.

Andererseits hat sich die Nachbarschaft an die regelmäßigen Fehlalarme gewöhnt. Nur wenn die Sirene einmal zwei Tage nicht losgeht, kommt sie, um nachzuschauen, ob beim Ehepaar Hoppel alles in Ordnung ist.

Wenn ein etwas reiferer Erwachsener ins Plaudern kommt, dann lässt es sich kaum verhindern, dass er irgendwann einmal damit beginnt, von vergangenen Zeiten zu erzählen. Und das beginnt dann meistens mit den Worten …

FRÜHER EINMAL

„So wie's früher einmal war,
is heut nimmer, des is klar!
Ihr könnt's alle gar net wissen,
wie wir da hab'n sparen müssen,
und was wir geleistet ham
bringt heut keiner mehr so z'samm.
Freizeit hat's fast keine geb'n,
trotzdem war des no a Leb'n,
wo ma glücklich g'wesen is,
ohne Stress und Bitternis!"
So hört man sie gerne reden,
die heut älter sind und jeden,
der die Menschheit kritisch sicht,
nur die Jungen glauben's nicht!
Es geht ihnen auf den Geist,
doch so lange nur zumeist,
bis sie selber Kinder kriegen.
Dann tun sie die Köpfe wiegen
und erzähl'n den ganzen Schmus
ihrerseits und mit Genuss -
weil, wer seine Kinder liebt,
die Erfahrung weitergibt!

Wer das Fernsehprogramm kritisiert, der sollte eigentlich auch Vorschläge bringen können, wie es besser zu machen wäre. Ich plädiere jedenfalls für eine populärwissenschaftliche Sendung unter dem Titel:

SCIENCE FOR DUMMIES

Herzlich willkommen zur Sendung ‚Science for Dummies', in der wir uns heute mit einigen berühmten Erfindungen beschäftigen, die alle schon selbstverständlich geworden sind, seinerzeit aber wissenschaftliche Sensationen waren.

Haben Sie zum Beispiel gewusst, dass der Computer eigentlich schon im 16. Jahrhundert erfunden worden ist? Auf einer Konstruktionszeichnung von Leonardo da Vinci ist ein Viereck zu sehen, das ganz eindeutig einen PC-Bildschirm darstellt. Da es zu Leonardos Zeiten allerdings noch keine Steckdosen gab, hat er seine Idee nicht weiter verfolgt.

Ein ähnliches Schicksal wurde den ersten Radioapparaten zuteil. Ein findiger Geschäftsmann verscherbelte sie bereits während des amerikanischen Bürgerkriegs. Nachdem die Käufer allerdings dahinter gekommen waren, dass es noch gar kein Radioprogramm gab, verlangten sie empört ihr Geld zurück, und der Rundfunk geriet lange Zeit in Vergessenheit.

Sie merken schon, bei unserer Sendung ‚Science for Dummies' erfahren Sie Dinge, die Sie sonst noch nirgends gehört haben. Zum Beispiel die abenteuerliche Geschichte des Kugelschreibers:

Als der Tischlergeselle Johann Nepomuk Kugel an einem Sonntag des Jahres 1763 ein Kreuzworträtsel lösen wollte, ärgerte er sich darüber, dass das Ausfüllen der kleinen Kästchen mit seinem groben Filzstift so mühsam war. Also legte er das Rätsel beiseite und konstruierte in nächtelanger Arbeit ein Schreibgerät, das er Tintenpastenröhrenschreiber nannte.

Als er damit am Patentamt erschien, erklärte man ihm jedoch, dass vor dem Tintenpastenröhrenschreiber erst noch eine ordentliche Füllfeder erfunden werden müsste und legte die Erfindung zu den Akten. Erst im 20. Jahrhundert tauchten die Pläne wieder auf. Dann jedoch erlebte die Erfindung Johann Nepomuk Kugels unter der Bezeichnung Kugelschreiber einen phantastischen Siegeszug.

Ein Nachfahre Kugels ist übrigens später nach Amerika ausgewandert, nannte sich Google und baute dort die heute so beliebte Internet-Suchmaschine.

Das war's für heute, meine Damen und Herren. Das nächste Mal geht's in ‚Science for Dummies' unter anderem um Walter Hub, den Erfinder des gleichnamigen Schraubers.

Apropos Wissenschaft: Sie ist sehr klein, und man beobachtet sie deshalb auch am besten mit dem Vergrößerungsglas. Bei längerer Betrachtung wird man staunen, über …

DIE AMEISE

In jeder Universum-Dokumentation wird uns erklärt, dass in der Biologie alles wohlgeordnet und sinnvoll wäre. Ich habe mir dieses Wunder der Natur jetzt einmal ganz genau angeschaut und eine Ameise bei ihrer angeblich so emsigen und effektiven Arbeit beobachtet.

Ich entdeckte sie beim Frühstück auf dem Küchentisch, als sie gerade ein Zuckerbrösel meines Striezels fand. Zuerst spielte sie offenbar mit dem Gedanken, das Kügelchen an Ort und Stelle aufzuessen. Aber es war um ein Vielfaches größer als sie selbst, sodass die Ameise, nennen wir sie Elsa, umdisponierte.

Elsa stemmte das Zuckerstück in die Höhe und lief damit bis an die Tischkante. Wahrscheinlich bringt sie die Beute jetzt auf dem schnellsten Weg in ihren Bau, dachte ich. Dort warten bestimmt schon dreitausend hungrige Larven und eine ungeduldige Königin. Was aber tat Elsa? Sie setzte ihr Brösel ab und lief in planlosem Zickzack noch einmal über den ganzen Frühstückstisch. Na gut, vielleicht suchte sie ein noch besseres Zuckerstück, oder sie wollte ihre Dienstreise etwas in die Länge ziehen. Man weiß ja, dass Arbeitsameisen daheim in ihrem Bau nicht viel zu lachen haben.

Dann nahm Elsa die Kugel von vorhin wieder auf und balancierte sie unter Aufbietung all ihrer Kräfte über das Tischbein hinunter auf den Boden. Ohne Seil und Haken, auf einer glatten, senkrechten Oberfläche. Also doch ein Wunder der Natur, dachte ich, Universum hat recht, aber dann machte Elsa etwas ganz und gar Unbegreifliches: Sie schleppte ihr Zuckerbrösel zum nächsten Tischbein und beförderte es dort wieder ganz hinauf auf die Tischplatte.

Mag sein, es plagte sie das schlechte Gewissen, weil das Kügelchen ja eigentlich mir gehörte, oder sie hatte ganz einfach die Orientierung verloren.

Tatsache ist, die ganze Aktion war absolut sinnlos. So wie ich Elsa inzwischen kannte, würde sie als nächstes wahrscheinlich auf mein Honigbrot klettern und dort hoffnungslos kleben bleiben.

Ich schnipste sie über die Tischkante und mit ihr meine ganze Vorstellung von der wunderbaren Intelligenz der Tiere. Wir Menschen sind wahrscheinlich genauso doof, nur hat das bisher noch keiner wahrhaben wollen!

Der Herbst ist für jeden Gärtner eine sehr arbeitsreiche Zeit. Sorgen bereitet in der folgenden Geschichte vor allem das …

AHORNLAUB

„Frau Nachbarin, schauen Sie sich das an!“, sagte Frau Pitzinger vorwurfsvoll. „Des ganze Laub, was bei mir im Garten liegt! I waß gar net, wieso ich immer die Blatteln einsammeln und zum Bauhof bringen muss!“

„Tja, im Herbst is des halt einmal so, dass die Bam die Blätter verlieren, des werden wir zwa net ändern können!“

„Ja, aber i hab ja gar kan Bam im Garten! Extra, damit i eben keine Probleme hab! Des ganze Laub tragt der Wind nur von Ihnen umma!“

Jetzt begann sich die Nachbarin aber zu ärgern, stemmte die Arme in die Hüften und sagte: „Wollen Sie vielleicht behaupten, dass die Ahornblatteln auf Ihrer Terrassen von mein Garten kommen? Wo bitte gibt’s bei mir an Ahorn?“

„Des waß i net! Vielleicht san die Blatteln nur auf der Durchreise! Aber sie können nur über Ihnern Garten g’flogen sein!“

„Und wie hätt i’s da aufhalten soll’n? Ich an Ihrer Stell wartert auf’n nächsten Sturm, dass der des Laub wieder weiter blast!“

„Des machen Sie vielleicht! Ich such jetzt den Ahornbam, von dem des Laub kommt, und der kann dann was erleben!“

Mit einem Ahornblatt in der Hand machte sich Frau Pitzinger auf den Weg durch die Siedlung und läutete überall an.

„Wir kaufen nichts!“, sagten die Leute zuerst. Und dann beteuerten sie, niemals im Leben einen Ahornbaum gehabt zu haben. Schon gar nicht mit Blättern.

Nach ungefähr zwanzig abgeklapperten Gärten kam Frau Pitzinger schließlich zu Herrn Pribil, der das ganze Theater aus seinem Vorgarten schon eine Weile beobachtet und sich darüber Gedanken gemacht hatte. Pribil rief ganz aufgeregt: „Na sowas, des is ja a Bergahorn! Solche Blatteln ergeben den wertvollsten Humus, den ma sich überhaupt vorstellen kann. Die san a Geschenk für jeden Garten! Wo hab'n S' denn die her?"

Frau Pitzinger sagte nichts und ging zu Hause gleich daran, die in ihrem Garten herumliegenden Ahornblätter auf den Komposthaufen zu schlichten. Und gestern hat sie sogar ihre Nachbarin gefragt, ob sie bei ihr drüben auch noch ein bisserl Ahornlaub einsammeln darf!

Wie man in gefährlichen Situationen reagiert, hängt wohl von der jeweiligen Persönlichkeit ab. Doch entscheiden Sie selbst: wechseln Sie im folgenden Fall die Straßenseite oder …

GENGAN S' RUHIG DURCH

„Gengan S' ruhig durch!", rief Dachdeckermeister Pribil von seiner Leiter herab, als er Herrn Hrabanek auf dem Gehsteig kommen sah. Herr Hrabanek stutzte.

„Warum wollen Sie, dass i da durchgeh'?"

„Von mir aus können S' a woanders gehen!"

„Aber Sie hab'n doch grad g'sagt, dass i durchgehn soll!"

„Ich hab g'meint, Sie brauchen sich keine Sorgen machen, wenn S' da gengan!"

„Warum sollt i mir Sorgen machen?"

„Na, dass Ihnen was am Schädel fallen könnt oder so …!"

„Ich hätt mir keine Sorgen g'macht!"

„Na also …!"

„Aber *jetzt* mach ich mir welche! Immerhin scheinen Sie ja mit der Möglichkeit zu rechnen, dass Ihnen ein Ziegel aus der Hand fallen könnt!"

„Also hundertprozentig sicher is gar nix!"

„Sehen S', und deswegen frag' ich mich, warum Sie mich dann unbedingt in den Gefahrenbereich locken wollen! Wahrscheinlich lassen S' absichtlich an Ziegel fallen!"

„Hören S', i sag Ihnen was, bevor i grantig werd: Geh'n S' halt auf der anderen Straßenseiten, wenn S' abergläubisch san!"

„Mit Aberglauben hat des gar nix zu tun! Außerdem kann ich gehen, wo ich will! Also, lassen S‘ mich jetzt durch?“

„Sicher! Gengan S‘ ruhig!“

„Ich gehe nicht!“

„Bitte schön …“

„Frechheit!“

Dachdecker Pribil stieg resignierend von seiner Leiter.

„Trauen Sie sich jetzt, wo i nimmer oben steh?“, fragte er.

„Sie gengan vor mir durch!“, beharrte Herr Hrabanek, trat einen Schritt zur Seite und wurde von einem Auto überfahren.

Hundertprozentige Sicherheit gibt es eben wirklich nicht!

Jetzt habe ich ein kleines Rätsel für Sie vorbereitet, aber keine Sorge, es löst sich schon nach wenigen Zeilen in Wohlgefallen auf. Ich nenne es …

SEI GUT ZU IHM!

Ihm solltest du stets Gutes tun,
ob es noch jung ist oder nun
vielleicht schon ziemlich angegraut
und mürrisch dir entgegen schaut.
Wenn man es früh am Tag erblickt,
kann's durchaus sein, dass man erschrickt,
dann sollt man es erst durchfrisier'n
und nicht gleich die Geduld verlier'n.
Andererseits, glaub ihm auch nicht,
zeigt es sein Angebergesicht.
Was du hier siehst, ist so wie du,
es schaut dir stets im Leben zu,
zeigt das, was du daraus gemacht
und gibt auf dich im Stillen Acht.
Wenn jeder andre dich verlässt,
hält es zu dir, ganz felsenfest …
Kurzum, sei liebevoll und mild
zu ihm, zu deinem Spiegelbild!

Von einem viel beschäftigten Menschen hat man in den 60er-Jahren gesagt, er habe wahrscheinlich die ‚Managerkrankheit'. Ab den 80er-Jahren gehörte es zum guten Ton ‚Im Stress' zu sein, und heute hat man das …

BURNOUT-SYNDROM

„Hasi!", ruft der bequem im Polstersessel sitzende Ehemann seiner nervös herumwuselnden Frau zu. „Da in der Zeitung steht, dass jeder Dritte des Burnout hat und jeder Zweite gefährdet is, dass er's kriegt! … Hasi?"

„Hast du was g'sagt?"

„Glaubst du, dass i gefährdet bin, oder dass i's schon hab?"

„Was?"

„Des Burnout! … Hasi? I glaub, du hörst ma gar net zu!"

„I hab jetzt leider ka Zeit zum Diskutieren! I muss no die Torten zum Geburtstag vom Lukas machen, die Geschenke einpacken und die Wohnung z'sammräumen. Kannst du derweil mit'm Staubsaugen anfangen statt sinnlos umanander sitzen?"

„Hasi, da is a interessanter Test! Erste Frage: *Fühlen Sie sich unfähig, auch die einfachsten Tätigkeiten zu verrichten?* Bei mir is des grad eindeutig der Fall!"

„Aber Staub saugen wirst doch no können!"

„Eben nicht! I denk ma grad genau des, was da in der Zeitung steht: *Das kann doch noch nicht alles gewesen sein!*"

„Eh net! Ma müssert zum Beispiel noch den G'schirrspüler ausräumen!"

„Der Test passt genau auf mi! *Haben Sie oft Heißhunger auf Süßes?*"

„Wehe, du isst ma meine Rumschnitten z'samm! Die brauch ma, wenn jetzt die Gäste kommen!"

„*Haben Sie keine Lust mehr, Verwandte und Freunde zu treffen?* Stimmt genau! Jetzt hab i schon 60 Punkte, und damit bin i a mittelschwerer Fall!"

„I werd dir was sagen! Den Test hab i schon gestern g'macht und bin auf 100 Punkte kommen. So a Burnout wie du hab i schon lang!"

„Hasi, vielleicht hab i genau davon mei Burnout! Weil du immer des letzte Wort haben musst!"

„Aber woher? Mir wär's lieber, des letzte Wort hättst du!"

„Wirklich wahr? Und was solltert i sagen?"

„Dein Wunsch ist mir Befehl!"

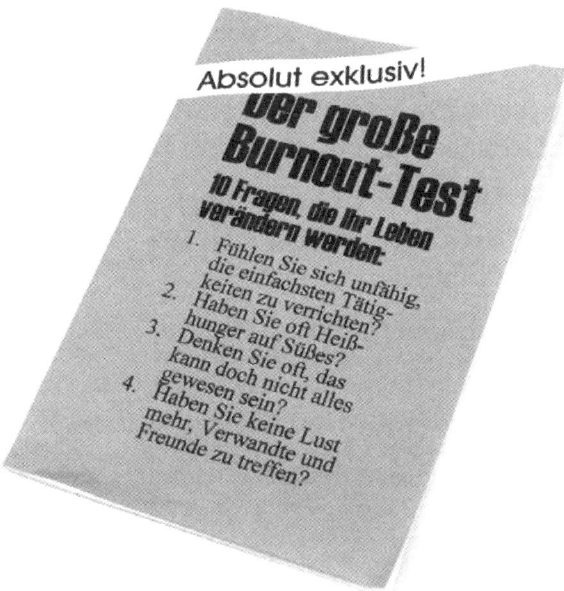

Die folgende Geschichte hat mir unlängst ein Bekannter erzählt. Und ich muss zugeben, es handelt sich um ein spannendes …

Nächtliches Erlebnis

„Neulich is ma was Seltsames passiert. I fahr mit'm Auto spät am Abend durch a Wohnstraßen und denk ma, aha, da wohnt wer, also derf man net schneller wie 70 fahr'n. Auf einmal seh i hinter mir a Auto, wo i glei am Kennzeichen erkannt hab, dass es von einer Mineralölfirma war. Agip, Shell, … na, BP is g'wesen. Keine Ahnung, was die um die Zeit da machen, hab i ma dacht, wahrscheinlich müssen's bei irgendeiner Tankstell die Zapfsäulen reparieren.

Sie haben's a ziemlich eilig g'habt, weil auf einmal schalten's des Blaulicht ein und fahrn ma ganz dicht hinten drauf. I hab die zwei Arbeiter von der BP mit ihre blauen Arbeitsg'wandeln ganz deutlich im Rückspiegel g'sehn.

Die wollen sicher überhol'n, hab i ma dacht, weil des in dem engen Gassel aber net möglich war, bin i halt a bisserl auf's Gas g'stiegen, damit's net behindert san.

Na, was soll i sagen, bei der ersten Gelegenheit haben's mi dann doch überholt und ihr Auto vor mir quer über die Straßen g'stellt. I war der Meinung, die woll'n sich bei mir bedanken, dass i so freundlich bin, aber i war a bisserl im Druck, weil i mein Schwager noch zwa Flascherln Wein vorbeibringen wollt.

Na ja, i weich also über'n Gehsteig aus, die zwa Männer von der BP winken freundlich mit einer roten Lampen, und dann war i wieder allein auf der Straßen.

I fahr aber kaum an Kilometer, da seh i glei zwa solche BP-Autos auf mi zukommen. Na, da san aber heute viele Zapfsäulen defekt, denk i mir. Es hat mi aber net weiter beschäftigt, weil i inzwischen vor'm Haus von mein Schwager ankommen war und in die Tiefgaragen abbogen bin. I lass die Garagentür glei hinter mir zufahren, und während i mei Auto no einpark, fahrt ans von die BP-Autos mit an Riesenkrach durch des inzwischen g'schlossene Tor.

I bin glei die Stiegen raufg'rennt, um Hilfe z'holen, aber die Männer von der Mineralölfirma waren eh net verletzt. Durch's Guckloch aus der Wohnung von mein Schwager hab i zug'schaut, wie's im Stiegenhaus wild umanander g'rennt san, und dann is ma eing'fallen, dass i a Trottel bin. BP heißt natürlich Bundespost, und die Beamten hab'n einfach an Eilbrief zustellen wollen.

Also, da soll doch noch einmal einer sagen, dass sich die Post net bemüht!"

Sie sind zahlreich und waren stets ein nicht ganz unbedeutender Wirtschaftsfaktor. Aber man treibt sie ohne Erbarmen in die Enge, und sie beginnen darauf zu reagieren: die …

RAUCHER

Es ist wissenschaftlich erwiesen: Der Mensch, so wie er sich heute darstellt, ist aus unendlich vielen kleinen Anpassungsprozessen hervorgegangen. Um besser jagen und Werkzeuge gebrauchen zu können, hat er sich den aufrechten Gang zugelegt. Und es ist damit zu rechnen, dass er in Kürze besonders ausgeprägte Zeigefinger entwickelt, weil diese für die Bedienung der Computermaus sehr wichtig sind.

Die Wirbelsäule hat bereits eine zweckmäßige Krümmung angenommen, die die Menschen für Schreibtischarbeit besonders geeignet macht.

Nur wenige wissenschaftliche Forschungsergebnisse gibt es dagegen zur bisherigen Evolution der Raucher. Und so möchte ich gerade zu diesem Spezialgebiet einige Anmerkungen machen, die mir sehr bemerkenswert erscheinen.

Raucher dürfen ihrer Lieblingsbeschäftigung bekanntlich nur mehr ganz selten in Innenräumen nachgehen. Man zwingt sie, zum Genuss einer Zigarette ins Freie zu gehen, und das bringt eine Reihe physischer und psychischer Anpassungen mit sich.

Raucher leiden heute nur mehr ganz selten an Erkältungskrankheiten, weil sie durch den häufigen Aufenthalt in der frischen Luft, oft auch ohne angepasste Bekleidung, extrem abgehärtet sind. Weiters ist ihr Bewegungsapparat und Kreislauf gut in Form, weil Raucher ja regelmäßig ihre sitzenden Aufenthalte unterbrechen, zumindest ein paar Schritte gehen und dann einige Zeit in aufrechter Stellung verharren.

Das tun Raucher meistens nicht alleine, und damit komme ich zu einem weiteren wichtigen Aspekt. Menschen, die vor die Türe gehen um eine zu rauchen, entwickeln wertvolle soziale Kompetenzen. Sie sind kommunikativ, mit anderen Rauchern solidarisch und haben eine wohltuende Distanz zu den Problemen des Lebens.

Auch Beziehungen zum anderen Geschlecht werden nun viel schneller hergestellt. Hätte man sich früher bestimmt nicht so einfach an den Tisch eines einzelnen Kaffeehausgastes gesetzt, so trifft man sich jetzt ganz zwanglos unter dem Heizschwammerl vor dem Lokal und hat auch gleich ein ergiebiges Gesprächsthema: die gemeinsam erduldete Diskriminierung.

Der einzige kleine Minuspunkt besteht vielleicht darin, dass Raucher rauchen. Aber auch dadurch sind die Raucher gegenüber den Nichtrauchern im Vorteil. Wenn ihnen nämlich der Arzt sagt, dass sie etwas für ihre Lunge tun sollen, dann müssen sie einfach nur mit dem Rauchen aufhören!

Völkerverständigung ist ein Anliegen, das wir nicht nur den Politikern überlassen sollten. Gewiss, internationale Konferenzen sind wichtig, aber auch ganz privat geführte …

Friedensgespräche

Es war eine schwüle Sommernacht, und Karli und Vickerl saßen im Garten eines Wiener Vorstadtheurigen.

„Net schlecht!“, meinte Vickerl, der nach drei Viertel Neuburger bereits einen starken Hang zum Philosophieren zeigte. „Wennst da oben in die Stern schaust, kummst da richtig kla und armselig vor!“

„A b’sonders imposante Erscheinung bist ja a net!“, antwortete Karli. „Aber du hast schon recht, gegen des Universum is die ganze Menschheit net mehr wie a Vogelbatzl!“

„Waßt, was ma tun sollt?“, überlegte Vickerl weiter. „Die ganzen Großkopferten auf dera Welt sollt ma a halbe Stund täglich da rauf schau’n lassen, damit’s merken, dass die Menschen alle z’sammhalten müssen!“

„So ist es, Vickerl! Wir san alle Brüder und Schwestern! Ein Prost auf den Weltfrieden!“

„Prost!“ Karli und Vickerl waren damit in einer Stimmung, in der sie sogar mit Terroristen Bruderschaft getrunken hätten.

„I versteh überhaupt net, wieso sich die Menschen immer so bekämpfen müssen! Begreifst du des Vickerl? Im Grunde samma doch alle gleich ...!“

„Na ja, ganz gleich natürlich a wieder net …“, schränkte der Freund ein. „Wenns d’ zum Beispiel die Amerikaner anschaust, die san uns zwar technisch voraus, aber sie ham halt leider ka Kultur! Der Dagobert Duck is bei denen schon des Allerhöchste!“

„Die Ami san jedenfalls noch besser wie die Russen! Bei denen funktioniert doch überhaupt nix! Und die Dritte Welt? Ich bitte dich - ohne unsere Spenden könnten die doch alle z'sammpacken!"

„Hast du schon amal was g'spendet?", fragte Vickerl. Karli bestellte durch Hochheben seines Glases noch ein weiteres Viertel und antwortete: „Nur einmal, für die Sporthilfe. Und des war a rausg'schmissenes Geld … Soll'n doch die anderen Länder was hergeben! Warum grad unser kleines Österreich?"

„Die anderen Länder?", meinte Vickerl verächtlich. „Die Engländer vielleicht oder die Franzosen oder am End gar die Italiener? Denen steht doch selber des Wasser bis zum Hals!"

„Weil's alle unfähig san, im Vergleich zu die Deutschen …" Damit fand Karli aber keine Zustimmung.

„Hör mir mit die Piefke auf! Die ham doch überhaupt keinen Sinn für Gemütlichkeit!"

„Den ham die Schweizer aber a net! Genauso wenig wie die Vorarlberger und die Tiroler! Lauter Sturschädeln san des, wennst mi fragst!"

„Und was is mit die Oberösterreicher? Die können ma genauso g'stohlen bleiben, wie die Salzburger und die Kärntner!"

Vickerl bestellte zornig ebenfalls noch ein Viertel Neuburger.

„Aber wennst ehrlich bist, musst zugeben, dass die Steirer und Burgenlandler des Kraut a net fett machen! Und die Niederösterreicher können froh sein, dass' wenigstens mittendrin die Wienerstadt ham!"

„Ja, in Wien, da san die Menschen halt noch so, wie sie sein sollten!", meinte Vickerl erleichtert und schien die Diskussion wieder in friedlicheres Fahrwasser zu lenken. Aber schon setzte er fort: „Obwohl … alle Wiener san natürlich a net gleich! Die Floridsdorfer, die Simmeringer und die Favoritner kannst auf jeden Fall vergessen!"

„Net nur die!“, warf Karli ein. „Im Prinzip kannst überhaupt nur die Hernalser als echte Menschen bezeichnen! Alles andre san doch höchstens Leut!“

Vickerl stimmte Karli zu, denn auch er stammte aus demselben Bezirk, aber er fand es notwendig, dessen Aussage noch etwas zu präzisieren. „Des is schon richtig! Wenn ma a natürlich an Hernalser aus der Ranftlgassen net mit an Dornbacher vergleichen kann!“

„Wie soll i des versteh’n?“, brauste Karli auf. Denn er *stammte* aus der Ranftlgasse und hatte die ganze Zeit über schon das Gefühl, dass Vickerl als echter Dornbacher glaubte, etwas Besseres zu sein. „Du musst dich ja net mit mir da hersetzen, wenn dir mei Adress’ net paßt! Ihr Dornbacher seid’s ja bekannt für euern …“

„Sprich di nur aus … !“

Vickerl packte Karli am Kragen und wollte ihn eben kräftig schütteln, als ein plötzlicher Wolkenbruch die beiden Streithähne voneinander trennte.

Tja, gegen das Universum und die Gewalt der Elemente ist die Menschheit halt doch nur ein Vogelbatzl!

So unerfreulich ein Arztbesuch manchmal auch sein mag, im Kabarett erweist er sich als eine der beliebtesten Standardsituationen. In diesem Sinn ist auch gerade …

HERR TRANKLER BEIM ARZT

„Also, Herr Doktor, was sagen Sie jetzt zu meinem Gesundheitszustand?"

„Tja, lieber Herr Trankler, Sie sollten Ihr Leben halt grundlegend umstellen und endlich Schluss machen mit Wein, Weib und Gesang!"

„Bitteschön, dann hör ich eben mit dem Singen auf!"

„So meine ich das nicht! Schauen Sie, gestern Abend habe ich Sie zufällig vom Heurigen heimgehen sehen, und da waren Sie wieder einmal, na sagen wir, ziemlich betrunken!"

„Höchstens sinnlos angeheitert, Herr Doktor!"

„Na ja, das war schon ein bisserl mehr! Sie haben zum Beispiel an einer Straßenlaterne gerüttelt und wollten anschließend das heruntergefallene Obst aufheben!"

„Davon weiß ich nichts! Aber ich muss Ihnen schon sagen, dass Sie mich seinerzeit selbst zum Trinken animiert haben!"

„Das kann ich mir nicht vorstellen!"

„Doch, doch! Sie haben mir diese Tabletten verschrieben und dazu gesagt, ich sollte sie niemals in nüchternem Zustand einnehmen. Und das habe ich befolgt!"

„Da haben Sie mich natürlich völlig falsch verstanden! Wo arbeiten Sie jetzt eigentlich, Herr Trankler?"

„In einer Weinkellerei, und da ist so viel zu tun, dass ich mir praktisch jeden Tag die Arbeit nach Hause nehmen muss!"

„Sie Ärmster! Aber gut, ich geb's ja zu, dass mäßiger Weingenuss auch ganz gesund sein kann!"

„Bestimmt sogar! Der mäßige Weinkonsum liegt bei uns gewissermaßen in der Familie, da bürsteln alle ganz gern! Mein Bruder, zum Beispiel, trinkt täglich zwei Viertel, ist schon 70 Jahre alt und rennt jedes Jahr noch den Marathon mit!"

„Den Mann würde ich gern einmal kennen lernen!"

„Das wird im Augenblick nicht gehen! Wir sind heute Nachmittag bei der Hochzeit von meinem 92-jährigen Vater, der auch ein regelmäßiger Weinbeißer ist!"

„Unglaublich! Ihr Vater will mit 92 noch heiraten?"

„Was heißt wollen – er muss!"

Es gibt verschiedene Gradmesser, an denen man merkt, dass man ins reifere Alter kommt. Einer davon ist …

Der Gürtel

Ich schau mir meinen Gürtel an,
und manchmal fällt mir auf daran,
dass ich den hab schon lange Zeit.
Wie ich ihn kauft hab, war er weit:
Neun Löcher waren damals frei,
und heute sind es grad noch zwei!
Nun bin ich ja bestimmt nicht dick,
doch blicke ich jetzt so zurück,
dann kann ich's gar nicht glauben fast:
Am ersten Loch hat der gepasst!
Das muss gewesen sein vor Jahr'n,
wie wir noch nicht verheirat' war'n,
doch bald, im ersten Eheglück
macht ich ihn weiter schon ein Stück.
Beim ersten Kind, das weiß ich noch,
da war ich grad beim dritten Loch,
dann haben wir das Haus gebaut,
und ich, ich sag's ja gar nicht laut,
war eines Tags bei Nummer vier,
wahrscheinlich weg'n dem vielen Bier.
Die Ruhephase daraufhin,
die brachte dem Gewicht Gewinn,
ich hab nicht lang herumgestöhnt
und mich ans fünfte Loch gewöhnt.

Dann kam das nächste Kind im Nu,
der Gürtel ging erneut nicht zu,
doch kaum hatt' ich ihn angepasst,
war er schon wieder eine Last.
Im Urlaub war's mit meiner Frau,
all inclusive, ich weiß genau,
die Waage rückte vor ein Stück
und ging dann niemals mehr zurück.
So stellte ich, erst heimlich noch,
die Schnalle auf das achte Loch.
Wie lange ist es noch dahin,
bis ich am End des Gürtels bin?
Ein Jahr, mit etwas Glück auch zwei,
ist dann die Jugendzeit vorbei?
Doch nein, so schnell geb ich nicht auf,
weil ich mir nämlich vorher kauf
an länger'n Gürtel, weißt, und dann
fang ich ein neues Leben an!

An ein menschliches Wesen als nützliches Mitglied der Gesellschaft werden heutzutage hohe Anforderungen gestellt. Deshalb wurde er auch schon dringend benötigt, …

DER NEUE MENSCH

„Und hier ist er, meine Damen und Herren, gerade rechtzeitig zur Internationalen Gentechnik-Messe erschienen: Der Neue Mensch! Zeitgemäß konzipiert, den aktuellen Anforderungen angepasst, mit Features, auf die man schon lange gewartet hat!“

Der smarte Herr im dunklen Anzug wies mit der Hand auf das erste Bild seiner Powerpoint-Präsentation. Es zeigte ein herziges kleines Baby.

„Wenn der Neue Mensch zur Welt kommt, sind die wichtigsten Grundkenntnisse für sein Leben bereits vorinstalliert. Er kann sofort gehen, selbst seine Nahrung zubereiten und benötigt keinerlei elterliche Betreuung, weil er auch von der ersten Minute an imstande ist, den Fernseher zu bedienen. Dadurch verkürzt sich die Karenzzeit der Mutter auf einen Tag, was einen enormen volkswirtschaftlichen Nutzen bedeutet.

Auch die Ausbildungszeit des Kindes ist auf ein absolutes Minimum reduziert. Durch pränatales Datenstreaming müssen die herkömmlichen Schulkenntnisse nur noch initialisiert werden, sodass der Neue Mensch bereits mit fünf Jahren für sein Berufsleben voll einsatzfähig ist.

Bei guter Behandlung und mit Hilfe regelmäßiger Updates wird er bis zu einem Alter von 80 Jahren erwerbsfähig bleiben. Die gesamte Lebenserwartung kann aber je nach Zustand des staatlichen Pensionssystems variabel gestaltet werden.

Der Neue Mensch ist resistent gegen Alkohol und andere Drogen, in jede beliebige Gesellschaft ausgezeichnet integrierbar, gutmütig, pflichtbewusst und ausdauernd.

Unbedingt erwähnenswert ist auch seine Reset-Funktion. Sollten beim Neuen Menschen wider Erwarten einmal Funktionsstörungen auftreten, kann er durch einfache Maßnahmen wieder auf seine Werkseinstellungen zurückgesetzt werden.

Der Neue Mensch kommt auf Wunsch auch inklusive Backup-Kopie auf die Welt, sodass immer ein Exemplar als Ersatzteillager oder Double für heikle Lebenssituationen zur Verfügung steht.

Oder glauben Sie vielleicht, dass sich mein Original hierher stellen würde, um die Vorteile des Neuen Menschen anzupreisen? Natürlich hat er *mich* auf diese Gentechnik-Messe geschickt, und er selbst macht gerade Urlaub. Aber ich werde mich revanchieren, denn – unter uns gesagt – als perfektes Wesen beherrsche ich natürlich auch das perfekte Verbrechen. Huah ha ha ha!“

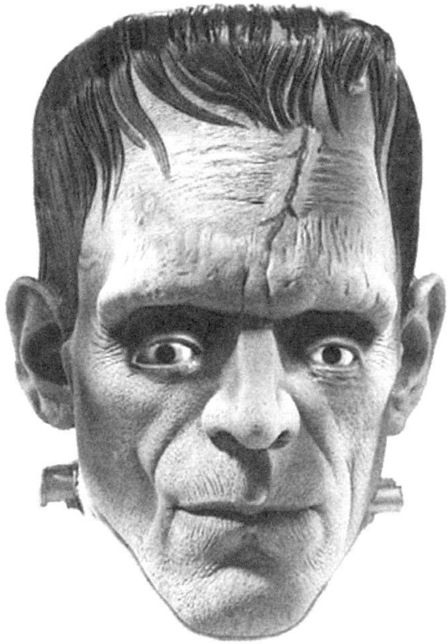

Sie sind in den letzten Jahren wirklich zur Plage geworden, so genannte SPAM-Mails, die auch der beste Filter nicht aufhalten kann. Immer wieder erreichen mich Nachrichten wie dieses …

Mail aus Krawutschistan

Sehr geehrter Herr!

Erlauben Sie sich, dass ich mir vorstelle. Ich bin das stellvertretende Finanzminister von Krawutschistan und habe Ihnen eine streng vertrauende Vorschlag zu machen, die nur uns beide betrifft. Infolge dunkle Transaktionen ist es mir gelingt, die Hälfte von unsere nationale Goldreserven auf der Bazar zu verkaufen, und jetzt liegt die erlöste Geld auf eine private Konto.

Da es nach die Gesetzen unseres Landes versagt ist, mir diese 300 Milliarden Euro ins Ausland zu schieben und ich selbstverständlich die Gesetzen einhalten muss, bitte ich Sie um Ihre Hilfe. Machen Sie mir einfach ihre Bankverbindung bekannt, dann kann ich Ihnen die Betrag überweisen und wir teilen ab, wenn ich die nächste Mal zu Staatsbesuch in Österreich bin. Wir gehen zusammen essen, Sie geben mir 200 Milliarden, und ich mache einen Flüchtling in die Karibischen Inseln. 100 Milliarden dürfen Sie als kleine Dank für Ihre Mühewaltung behalten. Bitte antworten Sie schnell, die Verschwindung von unsere Goldreserven kann leicht entdeckt sein, wenn ich die Schweigegeld für die Kollegen in die Nationalbank nicht mehr bezahlen kann.

Auf eine gute Zusammenarbeit,

Ihr Vize-Finanzminister von Krawutschistan.

Der Europäischen Union ist kein Problem zu groß - aber auch keines zu klein. In der folgenden Szene leitet ein österreichischer Beamter eine Unterkommission, der außer ihm noch ein Franzose, ein Deutscher und ein Italiener angehören. Das gerade anstehende Thema lautet:

Reissnägel in der EU

Der Österreicher: „Werte Kollegen hier im EU-Ausschuss für Bedienungsanleitungen, in der Österreich ja den turnusmäßigen Vorsitz übernommen hat. Sie wissen, es geht heute um ein Problem, das dringend auf eine Lösung wartet: die europaweite Abstimmung der Sicherheitshinweise für Reißnägel."

Der Franzose: „Qu'est-ce qu'il dit? Was sagt er?"

Der Deutsche: „Er meint Reißzwecken. Aber es steht alles im Entwurf, der Ihnen schon zugegangen ist!"

Der Engländer: „This paper must be arrived versehentlich in Buckingham Palace. Die Queen ist heutzutage froh, wenn Sie für den Winter kostenlose Heizmaterial bekommt!"

Der Italiener: „Cosi! Wir haben leider nichts bekommen, wegen die Streik von die italienische Post!"

Der Österreicher: „Macht nix. Ich sage Ihnen kurz, was drinnen steht. Der zentrale Punkt der Sicherheitsvorschriften lautet: ‚Beim Befestigen des Reißnagels darf der Daumendruck nur auf den flachen Kopf des Nagels erfolgen und keinesfalls auf die Spitze.'"

Der Deutsche: „Hier fehlt nach unserer Ansicht unbedingt der Zusatz: ‚Weil es dadurch zu Verletzungen kommen kann!'"

Der Italiener: „Aber nur eine Idiota wird die Reißnagel verwenden verkehrt!"

Der Engländer: „Everything is possible. Wir hatten bei uns gerade erst ein großes, wie sagt man, Schadenersatz-Prozess wegen eine Konsument, der hat eine Zigarette mit die heiße Seite in die Mund gesteckt. Auf die Verpackung wurde zwar vor Krebs gewarnt aber nicht vor Verbrennung!“

Der Franzose: „Incroyable, ces Anglais!“

Der Österreicher: „Meine Herrschaften! Am einfachsten wäre doch, wir nehmen in die Bedienungsanleitung den Zusatz auf: ‚Vor der Verwendung des Reißnagels muss eine Risikobewertung unter Berücksichtigung der Rechtsvorschriften im Land der Benutzung durchgeführt werden!‘“

Der Deutsche: „*Sollte* eine Risikobewertung durchgeführt werden. *Muss* bringen wir im Plenum niemals durch!“

Der Franzose: „Ich reschne mit große landesweite Protest, weil die Bevölkerung keine Risiko mehr tragen will!“

Der Italiener: „Aber womit werden die Demonstranten ihre Spruchbänder anbringen? Mit die Reißnagel!“

Der Österreicher: „Wenn ich etwas vorschlagen darf: Eine Lösung wäre, dass in der EU nur mehr Reißnägel ohne Nägel verkauft werden dürfen!“

Der Deutsche: „Die wären aber dann völlig unbrauchbar!“

Der Franzose: „Natürlisch! Aber die Gefahr von Verletzung wäre éliminé! Außerdem, sind wir ehrlisch, es gibt so viele unbrauchbare Produkt, und wir haben damit in Frankreich große Erfahrung!“

Der Italiener: „Für Italia, ich finde diese Lösung auch eine gangbare Weg!“

Der Österreicher: „Sehr gut, dann ist das einstweilen erledigt, und wir können uns dem nächsten Tagesordnungspunkt zuwenden – den Sicherheitsvorschriften für die gefahrlose Verwendung von Würfelzucker …“

Sie stellen sicher, dass unsere persönlichen Computerbereiche auch wirklich nur uns persönlich zugänglich sind. Aber der Jammer ist, dass man sie sich gut merken muss und von Zeit zu Zeit neue braucht. Was ich meine, sind …

PASSWORTE

Der Computer im Büro hat mich heute aufgefordert, mein Passwort zu ändern. Ich muss mir also ein neues ausdenken, und jetzt stelle ich etwas ganz Seltsames fest: Es fällt mir keines ein! Die deutsche Sprache hat wahrscheinlich Millionen Begriffe, aber jetzt, wo mich mein Computer so unvermittelt und direkt fragt, bin ich hilflos. Natürlich, *Passwort* wäre ein gutes Passwort! Der Computer behauptet aber, das hätte ich schon einmal gehabt. Nur *Wort*? Geht nicht, weil das Wort mindestens fünf Zeichen haben muss.

Ich schau mich auf meinem Arbeitsplatz um und suche fieberhaft nach einem Gegenstand, der sich für ein Passwort eignet. *Computer*? Ist zu unsicher. Weil jeder, der vor einem Computer sitzt und in meine Dateien eindringen will, wird natürlich einen Computer haben und meine Gedanken nachvollziehen.

Nein, ich werde jetzt einfach das Lexikon aufschlagen und das erste Wort nehmen, das mir in die Augen springt: Na also, *Ameise.* Warum nicht gleich? Das ist kurz und einprägsam und wird mir bestimmt auch einfallen, nachdem ich zwei Wochen auf Urlaub war. Es gibt doch nicht Blöderes, als gleich am ersten Arbeitstag beim Administrator anrufen zu müssen, um zu gestehen, dass man in den Ferien am Strand geistig abgebaut hat.

Also, dann nehm ich dieses Wort, wie war's doch gleich?

Ameise! Danke! Na ja, aber wenn Sie das jetzt alle wissen, ist es natürlich nicht mehr geheim! Nicht dass ich Ihnen was Böses zutrauen würde, aber Sie könnten ja irgendwo in der Öffentlichkeit einem dieser Tiere begegnen, Sie rufen: „Eine Ameise!“, und schon kennen alle mein neues Passwort!

Ich selbst könnte auch bei keinem Ameisenhaufen mehr vorbei gehen, weil schon mein Gesichtsausdruck verraten würde, dass hier ein paar tausend Passworte herumkrabbeln.

Nein, die *Ameise* ist gestorben! Mir ist gerade was Tolles eingefallen und zwar … sage ich es jetzt natürlich nicht, sondern schreibe es mir auf. Und falls Sie irgendwo meinen Zettel finden sollten, auf dem das Wort *Geheimcode* steht, dann schicken Sie mir den bitte schnellstens zurück, das ist nämlich mein neues Passwort!

Nicht nur Passworte muss man sich merken. Auch auf anderen Gebieten braucht man generell ein gutes …

GEDÄCHTNIS

Oft im Leben kommt's drauf an,
dass man sich was merken kann:
Zahlen, Fakten, die als Kind
angeblich schon wichtig sind.
Doch das Zeug, das man dann weiß
fordert halt auch seinen Preis,
weil man nach und nach vergisst,
was für's Leben nötig ist.
Wo ist grad der Schlüsselbund
und die Leine für den Hund?
Was wollt man gerade sagen,
hätt man nicht noch was zu fragen?
Plötzlich ist da nur mehr blass
das Gefühl, da war doch was!
Nun - das gibt sich mit der Zeit,
denn schon bald, da ist's soweit,
und du merkst nicht einmal dass d'
grade was vergessen hast!

Irgendjemand hat einmal gesagt: „Nichts ist älter als eine Zeitung von gestern!“

Da ist was Wahres dran, trotzdem kann es auch sehr spannend sein, wenn man zum Beispiel im Wartezimmer eines Arztes eine uralte Illustrierte liest. Zum Beispiel die …

GOLDENE FREIZEIT

„Aha, Sie lesen auch gerade dieses fürchterliche Blattel?“

„Nur da beim Arzt. Aber da stehen doch wirklich interessante Sachen drin! Haben Sie zum Beispiel gewusst, dass Prinzessin Marlies nicht so glücklich ist, wie alle glauben?“

„Mit diesem Prinzen Heinrich, der sich nur für seine Rennpferde interessiert?“

„Nein, sondern mit Großherzog Georg. Das ist der mit dem Alkoholproblem. Ich hätte ihr von einer Heirat abgeraten, aber mich hat sie ja nicht gefragt!“

„Und was sagen Sie zu Toni und Tina, diesem Schlagerduo? Ihr Hund leidet an einer geheimnisvollen Krankheit! Er frisst nicht einmal mehr seinen faschierten Lungenbraten!“

„Da macht mir die Karrierekrise von Glenn Reynolds weit größere Sorgen. Er ist heuer nicht einmal für den Oscar nominiert worden!“

„Dafür hat's diese Germaine jetzt endlich geschafft. Sie war in einer großen Talk-Show im deutschen Fernsehen zu Gast! Zufällig hab ich's gesehen!“

„Wer ist Germaine?“

„Das hat die Interviewerin offensichtlich auch nicht genau gewusst. Aber es war ihr schließlich genau so egal wie den Zuschauern!“

„Fein! Sagen Sie, wie alt ist denn die Ausgabe, die Sie gerade lesen?“

„Drei Monate!“

„Meine schon vier! Da hat diese Tennisspielerin Jutta Mayerl noch um ihre Ehe gekämpft!“

„Komisch, in meiner ist sie gerade wieder ein Jahr lang glücklich verliebt! Wie hat sie denn das gemacht?“

„Wahrscheinlich hat sie die Rubrik ‚Sprechstunde Dr. Brink‘ gelesen. Der hat immer einen guten Rat bereit!“

„Zum Beispiel?“

„Tun Sie endlich wieder einmal etwas für sich! Setzen Sie sich auf den patentierten Treppenlift auf Seite 46 und fahren Sie damit ans Meer!“

Ein Hotelbetreiber muss sich heute schon was einfallen lassen, wenn er auf dem Touristikmarkt bestehen will. Einfach nur schöne Zimmer und gutes Essen sind zu wenig. So kommt es dann zum Beispiel zu der Idee für ein …

MÄRCHENHOTEL

Herr und Frau Tichacek haben einen sechsjährigen Sohn und eine fünfjährige Tochter. Sie sind begeisterte Eltern und suchten deshalb nach einem Urlaubsziel, an dem auch die Kinder ihre Freude haben würden.

„Was sagst du dazu?“, fragte Herr Tichacek seine Frau. „Im Internet hab ich gerade das Märchenhotel ‚Schneewittchen‘ gefunden – mit einer tollen Kinderbetreuung. Vielleicht können wir dann sogar einmal etwas zu zweit unternehmen. Nur du und ich!“

„Ja das wäre wirklich schön!“, seufzte Frau Tichacek und strich ihrem Mann zärtlich über die Wange.

Als sich Familie Tichacek dem Hotel ‚Schneewittchen‘ näherte, war es unübersehbar, dass sie sich auf dem richtigen Weg befanden. Überall hingen bunte Märchenbilder an den Bäumen, sie begegneten einer lustig bemalten Kutsche voller Kinder, und König Drosselbart persönlich wies sie in den Parkplatz ein.

An der Hotelrezeption wurden sie von Frau Holle begrüßt, und Hans im Glück half dabei, das Gepäck auf's Zimmer zu tragen. Letzteres sah aus wie das Turmzimmer von Dornröschen und war sogar mit einem echten Spinnrad ausgestattet. Die Kinder waren jedenfalls begeistert und schlossen sich sofort dem gerade vorüber ziehenden Rattenfänger von Hameln an.

Herr und Frau Tichacek nahmen sich an der Hand, gingen glücklich ein paar Schritte in den Park hinaus und seufzten: „Endlich Urlaub!“

„Auf, auf, ihr faules Volk!“, rief da plötzlich der Gestiefelte Kater, der mit einer Horde anderer Hotelgäste um die Ecke bog. „Wir machen einen Ausflug in den Märchenwald!“

„Um Gottes Willen, ein Animateur!“, stöhnte Frau Tichacek, aber es war schon zu spät. Sie wurden von der Hänsel-und-Gretel singenden Menge mitgerissen und landeten bald in einem überdimensionalen Lebkuchenhaus.

„Hier sucht sich jeder aus, welche Märchenfigur er heute gerne sein möchte!“, kommandierte der Gestiefelte Kater und zeigte auf einen ganzen Fundus verschiedener Gewänder.

„Ich wollte jetzt eigentlich überhaupt nicht …“, versuchte Herr Tichacek zu protestieren, doch hatten ihn ein paar Gestalten, die wahrscheinlich die sieben Zwerge darstellen sollten, bereits in ein Tapferes Schneiderlein verwandelt. Frau Tichacek lachte, und diese kleine Unaufmerksamkeit reichte bereits aus, um aus ihr ein passables Aschenbrödel zu machen.

„Man merkt, dass Sie hier neu sind!“, flüsterte da ein Mann, der Zwerg Nase sein sollte. „Der Gestiefelte Kater hetzt uns jeden Tag um diese Zeit durch den Zauberwald. Übrigens, wenn ich vorstellen darf, das ist meine Frau Rapunzel! Ich weiß schon gar nicht mehr, wie sie wirklich heißt, weil wir bereits eine Woche hier sind!“

Da ertönte ein Pfiff, und schon begann die lustige Wanderung durch’s Märchenreich, bei der auch verschiedene, ebenso lustige Aufgaben zu erfüllen waren.

„Alle Tapferen Schneiderleine bekommen jetzt eine Klatsche, und wer auf der Kuhweide als erster sieben Fliegen erwischt, gewinnt einen Märchencocktail!“, rief der Gestiefelte Kater. „Wie viele Aschenbrödel haben wir heute? Fünf? Wunderbar! Siegerin ist, wer zuerst seinen Topf Erbsen ausgeklaubt hat!“

Der verdammte Kater klatschte mit den Pfoten, und der tapfere Tichacek hüpfte wie ein Idiot auf der Wiese herum. Seine Frau raufte sich mit den anderen Aschenbrödeln um ihre Erbsen, und die inzwischen vollzählig versammelten Kinder des Märchenhotels klatschten und kreischten dazu.

„Schneller, schneller!“, brüllte die Menge. „Wir wollen die Märchencocktail-Sieger sehen!“

Als Herr Tichacek erwachte, bemerkte er, dass er neben seinem Bett auf dem Boden saß und in seiner Hand die Nachttischlampe schwang. Gleich in der Früh stornierte er die Buchung für das Märchenhotel ‚Schneewittchen‘, obwohl seine Frau das bis heute nicht versteht.

Die Menschen stellen oft Fragen, auf die sie gar keine Antwort erwarten und sagen Blödsinn wie …

Ja, was is denn mit Dir?

Kleinen Kindern und herzigen Tieren wird sehr gerne immer wieder die berühmte Frage gestellt: „Ja, was is denn mit dir?“ – mit großen Augen und gespitzten Lippen und vor allem bei Hunden oft in einem mitleidsvollen Tonfall, weil man glaubt, in ihren Blicken etwas Trauriges zu erkennen.

Kleine Kinder schauen prinzipiell lustiger als Hunde, vielleicht weil sie instinktiv wissen, dass sie am besseren Ende der Hundeleine geboren wurden. Aber auch sie müssen immer wieder dieses „Ja, was is denn mir dir?“ über sich ergehen lassen, und es ist für den Fragenden wahrscheinlich ein Glück, dass das Kind noch nicht antworten kann. Sonst würde es vielleicht sagen: „Was soll schon sein? Die geschredderten Karotten haben grauslich geschmeckt! Noch scheußlicher als die zergatschte Banane von gestern!“

Aber das Baby behält seine Meinung für sich, wahrscheinlich weil es weiß, dass der so blöd fragende Onkel oder die Tante sowieso keine Ahnung von kleinen Kindern hat. Mit so jemandem stellt es sich doch gar nicht hin, selbst wenn es schon stehen könnte.

Infolge akuter Einfallslosigkeit wird „Ja, was is denn mit dir?“ übrigens sehr gerne unzählige Male wiederholt, wobei man es dann zu einem noch sinnloseren „Na was denn?“ verkürzt.

Besonders hartnäckige Fragensteller tippen dem Kind zusätzlich bei jedem neuerlichen „Na was denn?“ auf die Stupsnase – so lange, bis das Kleine – ist es nicht herzig?– wahrhaftig zu lächeln beginnt. Das Baby strahlt von einer Wange zur anderen, weil es sich denkt: ‚So lange die Erwachsenen so kindisch sind, kann ich doch wirklich mit gutem Gewissen in die Windeln machen!’

Wo Kinder wohnen, sieht man die Dinger häufig im Garten stehen, allerdings meist unbenützt. Runde, straff gespannte Kunststoffmatten, auf denen man scheinbar schwerelos durch die Luft fliegen kann. Beim …

TRAMPOLINSPRINGEN

„Damit haben Sie bestimmt eine sehr gute Wahl getroffen!“, sagte der Verkäufer im Sportartikelgeschäft. „Dieses Trampolin hat ein Stahlrohrgestell, extra starke Federn für höchste Beanspruchung und kostet heute im Angebot nur 199 Euro 99!“

„Und wie viel kostet's sonst?“, fragte Herr Mayer.

„200 Euro!“

„Sehr gut! Aber wie bring ich denn dieses Ungetüm nach Hause?“

„Wir haben einen sehr preiswerten Lieferservice! Um 50 Euro transportieren wir das Trampolin wohin Sie wollen!“

„Und die Montage …?“

„Ist natürlich am einfachsten, wenn Sie unseren günstigen Montagedienst in Anspruch nehmen. Kommt auf ebenfalls 50 Euro, aber dafür können Sie auch sicher sein, dass alles in Ordnung ist!“

„Ist bei diesem Trampolin auch eine Gebrauchsanweisung dabei? Damit man weiß, wie man richtig springt?“

„Selbstverständlich! Ich kann Ihnen aber auch unseren speziell ausgebildeten Trainer empfehlen! Macht pro Stunde 40 Euro, im Zehnerblock sagenhaft günstige 400 Euro! Sie werden aber wahrscheinlich auch einmal ohne Trainer springen wollen …“

„Na ja, eigentlich schon …“

„Dann muss ich Sie fairerweise darauf hinweisen, dass Unfälle mit dem Trampolin leider immer häufiger werden. Die Spitäler sind voll von verunglückten Trampolinspringern!“

„Das klingt aber gar nicht gut!“

„Nein, nein, keine Angst! Wir haben da für unsere Kunden ein Versicherungspaket zusammengestellt, das keine Wünsche offen lässt. Gedeckt sind sowohl komplizierte Arm- und Beinbrüche jeder Art, als auch dauernde Erwerbsunfähigkeit und Todesfall!“

„Und wie viel kostet das?“

„Mit einer Monatsprämie von lächerlichen 30 Euro sind Sie dabei! Aber ich kann Ihnen auch ein anderes Angebot machen, das Sie vielleicht noch viel mehr begeistern wird!“

„Und das wäre?“

„Unser Komplett-Service, bestehend aus Lieferung, Montage und einem Jahresabo für den Staatsmeister im Trampolinspringen. Der kommt dann einmal in der Woche zu Ihnen, springt eine Stunde, und Sie können im Liegestuhl zuschauen, ohne selbst ein Verletzungsrisiko einzugehen!“

„Käme da vielleicht auch eine Staatsmeister*in*?“

„Ganz wie Sie wünschen!“

„Na ja, das werde ich noch mit meiner Frau besprechen müssen! Heute nehme ich einmal nur diese Springschnur. Und zwar, wenn es irgendwie möglich ist, ohne Versicherung und Staatsmeister!“

Auch in überzeugten Stadtbewohnern schlummert oft der Wunsch nach dem einfachen Leben auf dem Land. Vielleicht ist das eine Erklärung für die Beliebtheit von Heimatfilmen und Musikantenstadeln. Genießen Sie also die Idylle …

Auf der Alm

Unter'm blauen Morgenhimmel
hört man fernes Kuhgebimmel,
Resi steht ein wenig müde
lächelnd vor der Sennerhütte.
Zenz, der stramme Jägersmann,
zieht sich drinnen grade an,
gestern nach der Gamsenschlucht
hat er Resi noch besucht.
Das geht viele Jahre schon,
jeder weiß im Dorf davon,
doch was niemand ahnt im Orte:
Zenz kommt weg'n der Topfentorte,
die ihm Resi immer macht -
sonst war nichts los in der Nacht!

Etwas über den Sepp zu erzählen, ist eigentlich überflüssig. Jeder kennt ihn und weiß, dass er eine der tragenden Stützen unseres Schi-Nationalteams ist. Die folgende Geschichte wird Sie dennoch interessieren, denn sie zeigt: Der Sepp ist auch als Spitzensportler immer noch …

DER SEPP

Kein Siegerinterview darf ohne ihn stattfinden, und geschieht dies trotzdem, so herrscht im ganzen Land eine Stimmung, wie sonst nur zu Allerseelen. Aber der Sepp hat nun einmal das gewisse Etwas. Bereitwillig erklärt er nach jedem Rennen den heranstürmenden Reportern, wie er unterwegs seine Hundertstelsekunden verloren und wo er sie schließlich wieder gefunden hat. Pressen andere Rennläufer nur ein atemloses „Glaffa is!“ oder „I woaß selber nit!“ ins Mikrophon, so ist der Sepp schon Sekunden nach seinem Lauf die Ruhe selbst und präsentiert neben den ihm zu Werbezwecken anvertrauten Ausrüstungsgegenständen auch stets ein strahlendes Lächeln. Vor kurzem ist ihm dieses aber für wenige Augenblicke vergangen. Und das kam so:

Wie immer am Start hatte der Sepp erst energisch seinen Kaugummi ausgespuckt und sich in den eisigen Hang gestürzt, den ob seiner Steilheit im Sommer selbst die Gämsen meiden.

Und da war sie auch gleich wieder, die Einsamkeit des Rennläufers, der die kuhglockenläutende Menge am Pistenrand ebenso wenig wahrnahm wie den Umstand, dass seine verkrümmte Gestalt gerade auf tausenden Fernsehapparaten in Großaufnahme zu sehen war.

Der Sepp hörte nur das Rauschen des Windes und konzentrierte sich voll auf die von ihm in mehreren Trainingsläufen ermittelte Ideallinie. Doch da war noch ein Gedanke in seinem Kopf, der sich nicht verdrängen ließ, der im Gegenteil immer störender wurde.

Jeder von uns hat so etwas schon einmal erlebt, wenn er sich etwa auf einer Urlaubsreise befand und ihn plötzlich der Gedanke an ein daheim vor sich hinschmorendes Bügeleisen an den Rand des Nervenzusammenbruchs brachte.

Sepp dachte im Augenblick nicht an sein Bügeleisen. Ihn quälte stattdessen ein anderer, nicht minder beunruhigender Gedanke. Es mag merkwürdig klingen, aber er wusste nicht, wo er sich im Augenblick gerade befand. Auf einer wohlpräparierten Schipiste natürlich, in den ersten Sekunden eines Weltcuprennens, das war ihm klar, aber in welchem dieser ewig gleichen Wintersportorte und vor allem – in welchem Land?

Sepp ging tief in die Hocke und wusste, dass er nun bald das so genannte Schweizerloch erreichen würde, eine, geologisch betrachtet, unscheinbare Mulde, die aber das Selbstwertgefühl der österreichischen Schisportfreunde schon mehrmals kräftig beflügelt hatte. Doch wie, um Gottes willen, hieß der Berg, von dem er gerade hinunterfuhr? Der Sepp zermarterte sich sein Sportlerhirn und wäre darüber beinahe der erste im Schweizerloch gestürzte Österreicher geworden. Wie durch ein Wunder fand er sein Gleichgewicht wieder. Was er nicht fand, war eine Antwort auf die Frage: „Wo bin ich hier?“

Am Start vorhin hatte man dasselbe deutsch-italo-englisch-französische Kauderwelsch gesprochen, wie beim letzten Rennen drei Tage zuvor und überhaupt allen Konkurrenzen des heurigen Jahres. Alles war so wie immer!

Und da, in dieser Situation, kam es zu jenem merkwürdigen Verhalten des Sepp, das sich bis heute niemand erklären kann, außer natürlich dem Sepp selber und mir, dem er die ganze Geschichte unter dem Siegel der Verschwiegenheit anvertraut hat.

Unmittelbar nach der Zwischenzeit bog der Rennläufer, in Führung liegend, von der Strecke ab und bremste vor einer neben der Piste liegenden Gastwirtschaft. Er steckte seine Schi zu den zweitausend anderen vor der Hütte, trat ein und wurde vom Wirt mit einem überraschten „Grüß di Gott, Sepp!“ empfangen.

Sepp bestellte einen ordentlichen Jagertee und wusste nun endlich, wo er war: In seinem Heimatort St. Apper am Hang!

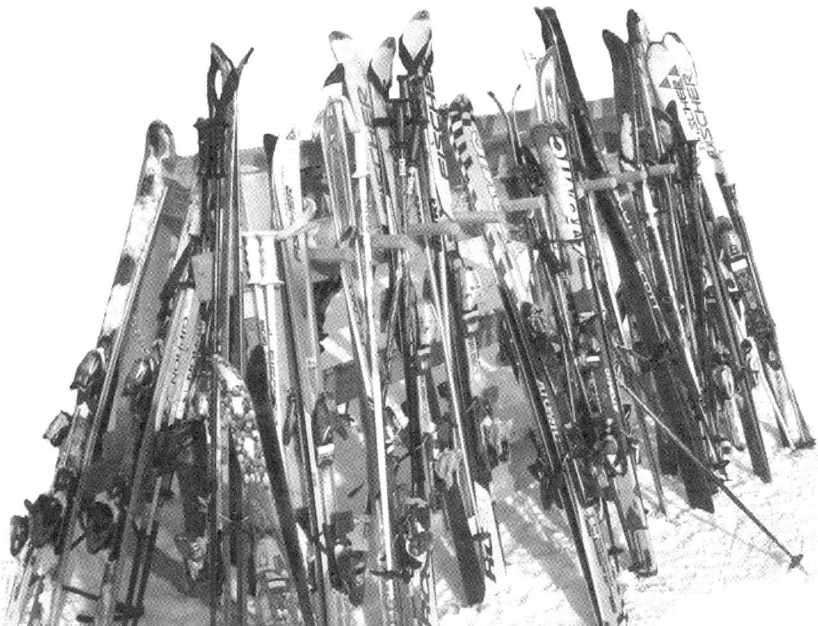

Fußball verbindet die Menschen auf der ganzen Welt. In der eigenen Familie kann er aber auch das genaue Gegenteil auslösen, zumindest wird sie manchmal ein wenig mühsam, so eine …

Fussballehe

„Karli, du waßt hoffentlich, was heute is!“

„Selbstverständlich! Italien – Frankreich!“

„Des kann schon sein, aber net bei uns! Heute kommen die Hawliceks zu Besuch! Des hab'n ma schon einmal verschoben, wegen Österreich – Deutschland!“

„Stimmt! Leider! Aber des waß ma halt immer erst nachher, ob ma sich a Spiel hätt anschau'n solln oder net!“

„I waß es immer schon vorher!“

„Gar nix waßt! Was glaubst, warum hunderttausende Österreicher bei an Match vor'm Fernseher sitzen?“

„Weil's endlich wieder amal gut schlafen wollen!“

„Der Hawlicek will sicher net schlafen. I bin sicher, dass sich der des Spiel heute a anschauen will, wenn er kommt. Des is a Fan!“

„Von wem?“

„Vom Fußball an sich! Waßt no, wie ma unlängst vor'm Stadion den Typen mit'm ang'malten G'sicht troffen ham? Mit die Nationalfarben auf die Wangen?“

„Den Verruckten?“

„Des war der Hawlicek! Und vielleicht kommt er heute genau so daher!“

„Dann lass i'n gar net rein!“

„Elfriede, kannst du dem Fußball denn gar nix abgewinnen?“

„Oh ja, manchmal is er ja wirklich lustig! Wie's da zum Beispiel unlängst den an Spieler aus'm Stadion tragen ham …"

„Wieso?"

„Weil ihm der Fuß eing'schlafen war! Oder wie's an andern nach'm Spiel beim Tierschutzverein anzeigt ham, weil er die ganzen 90 Minuten auf'm selben Regenwurm g'standen is …"

„Geh bitte, is des alles, was du zu dem Thema waßt?"

„Na, i waß zum Beispiel a, dass zum nächsten Spiel der Nationalmannschaft sogar der Papst kommen will!"

„Wieso des?"

„Weil er gern dorthin fahrt, wo Not und Elend am größten san!"

„Entschuldige, des san ja tausend Jahr alte Fußballerschmäh!"

„Ja, und daran merkt ma, dass es schon vor tausend Jahr Leut geben hat, die für'n Fußball nix über g'habt ham! Du sollterst dir im Klaren drüber sein, dass die Fußballleidenschaft der Männer a häufiger Scheidungsgrund is!"

„Des hab i a schon g'hört! A Arbeitskolleg hat mir unlängst erzählt, dass ihm sei Frau a Ultimatum g'stellt hat. Entweder sie oder der Fußball!"

„Und was hat er g'sagt?"

„Du wirst mir fehlen!"

Auf's Wochenende freut sich wohl jeder, der da nicht arbeiten muss. Doch es gibt auch einen kleinen Wermutstropfen, die …

SONNTAGSDEPRESSION

Sonntag mittags ist die Welt noch in Ordnung. Doch hat man den Verdauungsspaziergang oder sein kleines Schläfchen erst einmal hinter sich, beginnt sich die Stimmung allmählich zu verändern. Die Unbeschwertheit des Wochenendes trübt sich ein, und da ist sie wieder: die Melancholie des Sonntagnachmittags.

Je schöner das Wochenende war, desto härter schlägt sie zu. Die Gedanken an den kommenden Arbeitstag dringen durch die undichten Stellen der Seele und steigen in immer höhere Bewusstseinsebenen. Spätestens bei Sonnenuntergang erreichen sie die Oberfläche und bewirken, dass einem nicht einmal der Wein beim Heurigen so richtig schmeckt.

Ich will nicht übertreiben, aber so war das bei mir immer schon und wird es wohl auch bis zur Pensionierung bleiben. Lange habe ich nicht darüber gesprochen, doch heute ist mir klar, dass es anderen noch schlechter geht.

Bei meinem Freund Walter beginnt die Sonntagnachmittagsdepression sogar schon am Freitag. Denn dieser Tag ist für ihn bereits der Anfang vom Ende.

Ich habe mit Walter einmal eine kleine Radtour unternommen, und dabei stellte ich fest, dass er beim Bergabfahren immer besonders schlecht gelaunt war. Denn während ihm der Wind um die Ohren blies, dachte er nur daran, dass dieser Talfahrt eine beschwerliche Bergfahrt folgen würde.

Auch an einem Urlaub kann sich Walter nicht erfreuen, weil ihn der Gedanke belastet, dass er in der Zeit danach wieder lange keinen mehr haben wird.

Sein Psychotherapeut fragte ihn unlängst: „Wenn dieses berühmte Glas vor Ihnen steht, das zur Hälfte mit Wasser gefüllt ist, ist das für Sie halbvoll oder halbleer?“

„Weder noch. Ich überlege mir, mein Gott, da ist mehr Glas, als ich für diese Menge Wasser brauche. Habe ich mir das schlecht eingeteilt? Liegt es an mir, dass ich mir kein ganzes Glas Wasser leisten kann? Und wieso habe gerade ich ein halbes Glas bekommen und die anderen ein ganzes? Schließlich graut mir auch vor morgen, denn da ist mein Glas wahrscheinlich völlig leer! Ausgetrunken, verschüttet, wer weiß das schon?“

Ich sag Ihnen was. Da lob ich mir doch meinen kleinen seelischen Knacks mit der Melancholie am Sonntagnachmittag!

Mir ist es nicht sehr angenehm, wenn ich in der Stadt von einer geschäftig aussehenden Person mit Schreibblock dazu genötigt werde, irgendwelche Fragen zu beantworten. Aber das ist nichts gegen folgende …

STRASSENBEFRAGUNG

In einer schwach belebten Straße ging ein Mann auf eine Frau zu und sagte:

„Entschuldigen Sie! Ich mach da nur ein paar Interviews. Hätten Sie vielleicht eine Minute Zeit?“

„Von mir aus, bitte!“

„Es geht um das Thema Sicherheit. So wie's ausschaut, sind Sie grade mit der Einkaufstasche unterwegs. Wie viel bares Geld haben Sie dabei?

a) keines
b) zwischen 10 und 100 Euro oder
c) mehr als 100 Euro?“

„Wahrscheinlich mehr als 100 …“

„Sehr gut! Und wie würden Sie sich bei einem Überfall verhalten?

a) Sie würden kein Risiko eingehen und das Geld einfach hergeben
b) laut um Hilfe schreien oder
c) Sie haben einen Selbstverteidigungskurs gemacht und würden den Räuber überwältigen?“

„Hm, schwer zu sagen. Ich glaub, ich würde das Geld einfach hergeben …“

„Ausgezeichnet!“, sagte der Interviewer und zog eine Pistole aus der Tasche. „Dann geben Sie mir jetzt bitte das Geld! Das ist nämlich ein Überfall!“

Die Frau zeigte sich jedoch völlig unbeeindruckt und antwortete:

„Da ich:

a) Polizeibeamtin bin
b) hier schon auf Sie gewartet habe und Sie
c) bereits von meinen Kollegen umstellt sind

fordere ich Sie auf, die Waffe gleich wieder fallen zu lassen. Das hier ist nämlich eine Verhaftung!“

Wer im Leben etwas erreichen möchte, der rennt wie ein Idiot von einem Termin zum anderen. Diejenigen jedoch, die es irgendwie geschafft haben, die ...

SITZEN

„Schau, der Franzi kann schon sitzen", riefen die Eltern entzückt, als ihr Sohn zum ersten Mal, etwas schwankend zwar, seinen Oberkörper aufrecht hielt.

„Kannst du nicht still sitzen?", hieß es einige Jahre später, als Franzi die Schulaufgaben machen sollte und nach jeder vollendeten Zeile einmal durch die Wohnung raste.

Er blieb zwar in der vierten Klasse sitzen, doch irgendwann einmal hatte er seine Lektion gelernt: er saß tatsächlich still - und zwar stundenlang vor dem Fernseher und am Computer - aber auch im Kaffeehaus, beim Zeitung lesen und tiefsinnigen Diskutieren. Am liebsten setzte er sich schließlich zu einer jungen Frau, die er sich in den Kopf gesetzt hatte, saß mit ihr eines Tages vor dem Standesbeamten und wurde auf diese Weise endgültig sesshaft.

Franz setzte sich nun sehr ehrgeizig mit dem Berufsleben auseinander und offenbar auch mit den richtigen Menschen zusammen, denn er saß bald an einflussreicher Stelle in einer großen Firma. Sitzungen waren ihm das Liebste, aber gerne saß er auch in seinem dikken Auto, und wenn er sich einmal wirklich entspannen wollte, dann setzte sich Franz ins Theater oder in ein gutes Restaurant.

Ein Arzt riet ihm daraufhin, nicht so viel zu sitzen und ein wenig Sport zu betreiben. Also setzte sich Franz regelmäßig auf sein Zimmerfahrrad und an den Wochenenden sogar auf die Zuschauertribüne des Fußballplatzes.

Herr Franz war rundum zufrieden, doch eines Tages wollte dort, wo er seit Jahren in der Firma saß, plötzlich jemand anderer sitzen.

Herr Franz musste sich zur Ruhe setzen, saß nur noch so herum und wurde alt und gesetzt. Eines Tages konnte er nicht mehr sitzen. Er starb, und der Pfarrer sagte vor dem offenen Grab: „Unser Schmerz sitzt tief, denn dort wo er saß, hinterlässt er einen leeren Sessel!“

Nur die Sargträger fluchten, denn vom vielen Sitzen hatte Herr Franz einen ziemlich dicken Hintern bekommen.

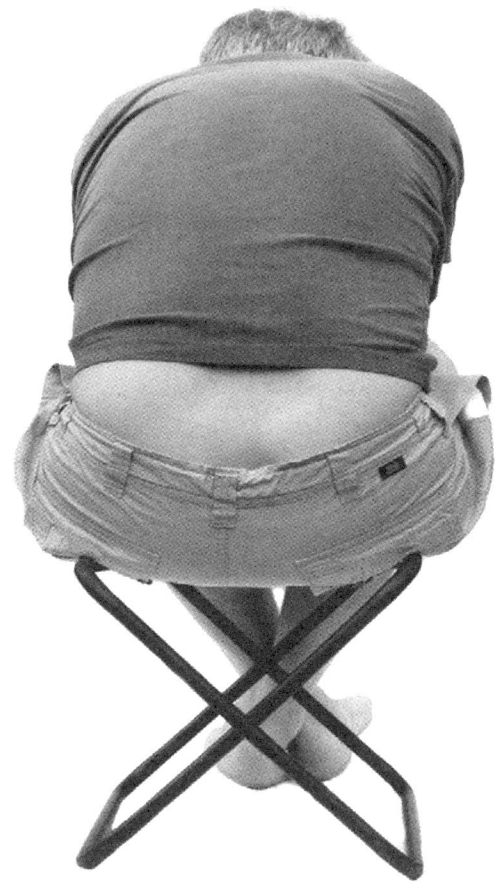

Es gibt da jemanden, auf den sich jeder gerne beruft, obwohl er in Wirklichkeit gar nicht existiert. Das ist …

Der kleine Mann

Sie kennen ihn von nebenan,
den sprichwörtlichen kleinen Mann,
den Durchschnittsmenschen, der so lebt,
wie die Statistik es erhebt.
Er kriegt, beziehungsweis die Frau,
eins komma vier Kinder genau,
und trinkt im Jahr, man glaub es mir,
mehr als zweihundert Krügel Bier.
Er hält nichts von Literatur
und informiert sich meistens nur
mit dem, was in der Zeitung steht
und was man so im Fernseh'n redt.
Die oben halten ihn für dumm
und schubsen ihn im Leben rum,
doch eigentlich, das weiß man jetzt,
hat man ihn immer unterschätzt.
Im kleinen Mann steckt nämlich drin
so etwas wie der sechste Sinn.
Er sieht schon lang die Krise nah'n,
da denkt die Bank noch gar nicht dran,
und ist sogar der Politik
manchmal voraus ein gutes Stück.
Daher kommt's leider über Nacht
so wie's der kleine Mann gedacht!

Redakteure haben's manchmal gar nicht leicht, wenn sie fundiert berichten wollen. Auch wenn es um ein so verhältnismäßig banales Thema geht wie eine …

Wespenplage

Es war ein heißer Sommer, der einen großen Nachteil hatte: Es gab so viele Wespen wie schon lange nicht mehr.

Die Medien brachten immer wieder alarmierende Berichte von Menschen, die nach mehreren Wespenstichen in einen Zustand geraten waren, in dem man nie wieder von Wespen belästigt wird, eher von Würmern.

Es war also naheliegend, dass ein Redakteur des Fernsehens auf die Idee kam, in der Ambulanz eines Spitals die Menschen zu filmen, die dort nach einem Wespenstich Erste Hilfe suchten.

„Kein Problem!", sagte der Primarius des Zentralkrankenhauses. „Kommen Sie einfach vorbei, wir platzen momentan vor Wespenstichallergien!"

Natürlich informierte der Primarius auch seinen vorgesetzten Direktor über das geplante Interview, aber der war von der Sache gar nicht so begeistert.

„Wissen Sie, wir sollten auch jemanden von der Gesundheitsabteilung der Stadtgemeinde bei diesem Interview haben!", sagte er. „Sicher ist sicher!"

Auf der Gemeinde hatte der Krankenhausdirektor einen ebenfalls sehr vorsichtigen Abteilungsleiter am Telefon.

„Ich sag Ihnen was! Ich kann da gar nichts sagen! Ein solches Interview gibt jedenfalls nur der Herr Bürgermeister persönlich!"

„Kennt sich denn der mit Wespenstichen aus?"

„Lieber Herr, da geht's ja schließlich nicht um irgendwelche belanglosen Viecher, sondern um die Frage, wie die Politik auf solche Situationen reagiert! Warum muss der Fernsehredakteur seinen Bericht auch gerade bei uns machen? Wespen gibt's doch überall!"

„Was soll ich ihm sagen?"

„Wir rufen zurück!"

Kurze Zeit später war auch der Bürgermeister über die Wespengeschichte informiert und telefonierte sofort mit dem Büro des Landeshauptmanns.

„Haben Sie nicht unsere letzte Presseaussendung gelesen?", hieß es dort unwirsch. „Da steht doch klar und deutlich, dass sich die Bürger und Bürgerinnen in unserem Bundesland in Zukunft noch sicherer fühlen dürfen als bisher!"

„Es geht aber um Wespen!"

„Auch für die gleichgeschlechtlichen Partnerschaften ist in letzter Zeit Entscheidendes geleistet worden!"

„Wespen, nicht Lesben! Die kleinen Insekten, die jetzt so aggressiv geworden sind!"

„Das ist ein Problem, das nur von der Bundesregierung behandelt werden kann. Auf keinen Fall darf der Eindruck entstehen, dass bei uns mehr aggressive Lesben, also Wespen unterwegs sind, als in anderen Bundesländern! Schon gar nicht vor den Wahlen!"

So landete die Geschichte schließlich bei der Gesundheitsministerin, die allerdings gerade andere Sorgen hatte, weil sie von einer Wespe gestochen worden war. Deshalb griff der Bundeskanzler selbst energisch durch, und eine halbe Stunde später meldete sich der Primarius des Zentralkrankenhauses beim Fernsehredakteur und bedauerte, dass er das geplante Interview absagen müsse. Es gäbe nämlich in seinem Spital derzeit keinen einzigen bestätigten

Wespenstich, und überhaupt wären solche Fälle in der ganzen EU schon seit Jahren nicht mehr vorgekommen. Dank einer konsequenten und vorausblickenden Wespenpolitik!

Nur weil wir die Sprache der Pflanzen nicht verstehen, heißt das noch lange nicht, dass sie nicht sprechen können. Ich erzähle Ihnen einmal, was ich unlängst im Garten gehört habe …

Von Trauerweiden und Kichererbsen

„Warum lachst du denn schon wieder so blöd?", sagte die Trauerweide zur Kichererbse.

„Hihi, und warum hängst du schon wieder so traurig herum? Du schaust ja so sauer wie der Essigbaum!"

„Wahrscheinlich hat sie schlechte Laune, weil es seit Wochen nicht mehr geregnet hat!", seufzte die Erdbeere. „Schau dir nur die Erde an!"

„Das kommt daher, weil ihr hier im Garten ein gottloses Volk seid!", klagte das Pfaffenkapperl, und die Kapuzinerkresse gab ihm natürlich recht.

„Mehr als im Staub kriechen kann ich nicht!", antwortete der bodendeckende Efeu.

„Ich hab gedacht, du kriechst vor mir!", sagte die stolze Königskerze, worauf die Brechwurz bemerkte, sie finde diese Arroganz zum Speiben."

„Ich weiß was, ich weiß was!", rief der Klatschmohn. „Man erzählt sich, dass unser Gärtner eine Bewässerungsanlage bauen will!"

„Da wird die Politik aber auch noch ein Wörtchen mitzureden haben!", erklärte die Schwarzwurzel und gründete mit dem Rotkraut einen parlamentarischen Ausschuss.

„Ich fürchte, der Gärtner wird sich diese Bewässerungsanlage nicht leisten können, denn es ist nicht jeder so vermögend wie ich!", sagte das Tausendguldenkraut spöttisch und der Granatapfel rief: „Es ist zum Explodieren!“

„Also ich kann warten!“, versuchte die Wegwarte zu beruhigen.

„Meinetwegen bis zum kommenden März!“, ergänzte der Märzenbecher.

Plötzlich brüllte das Löwenmaul: „Seht doch einmal, wie dunkelgrau es hinter der Silbertanne ist!“

Die Glockenblume läutete Alarm, die Küchenschelle schellte, und der Bärlauch brummte: „Ein Gewitter!“

Da brach es auch schon los. Die Duftveilchen vergaßen zu duften, der Fingerhut hielt sich mit den Fingern die Ohren zu, und die Kletterrose kletterte zur Sicherheit unter den Dachvorsprung. Nur die Zuckertomate hielt ganz still und lächelte süß!

Die Gartenarbeit ist nicht nur ein schönes Hobby, sie bietet auch wunderbare Themen, über die man sich mit Gleichgesinnten unterhalten kann. Auch in der folgenden Geschichte führen ein Mann und eine Frau über den Gartenzaun hinweg …

GARTENGESPRÄCHE

„Murmel, murmel …“

„Was machen Sie denn da, Frau Nachbarin?“

„Ich sprech mit die Rosen! Wissen Sie net, dass die Pflanzen besser wachsen, wenn man ganz lieb mit ihnen redt?“

„Aha! Na, wenn des so is, dann geh i gleich einmal in mein Vorgarten und tu das Unkraut beleidigen!“

„Bei Unkraut funktioniert des net! Reden S’ lieber einmal mit Ihner’n Maulwurf, und richten S’ ihm aus, dass er bei mir im Garten keine Hügel machen soll!“

„Des is net mei Maulwurf! Seit dem Schengener Abkommen gibt’s für des Viech halt a kane Grenzen mehr! Außerdem hab i den Maulwurf schon derwischt!“

„Gehn S’ hören S’ auf! Und was haben S’ mit ihm g’macht?“

„Eingraben, damit er kein Schaden mehr anrichten kann!“

„Also, Sie sollten wirklich amal an Gartenbaukurs für Anfänger absolvieren!“

„Hab i eh schon g’macht! Am ersten Tag haben s’ uns erklärt, dass bei die Pflanzen der grüne Teil nach oben schau’n soll. Aber bei Schnittblumen wirkt des doch irgendwie komisch, oder?“

„Herr Nachbar, Sie san a hoffnungsloser Fall! Wieso tragen Sie eigentlich an Kopfverband?“

„Weil mich gestern a Gelsen in die Wangen g’stochen hat, während ich meiner Frau im Garten beim Umstechen zug'schaut hab!"

„Und deshalb haben Sie sich gleich den ganzen Kopf einbunden?"

„Ja, mei Frau hat die Gelsen nämlich mit der Schaufel derschlagen!"

„Sie Ärmster!"

„Na ja, da is mir schon einen Moment lang der Humor vergangen. Aber jetzt geht's schon wieder. Kennen Sie die G'schicht mit die zwei Regenwurmfrauen? Fragt die eine: ‚Na, wo steckt denn dein Mann?' Worauf die andere sagt: ‚Der is grad beim Angeln'"

Schon immer waren die Menschen bestrebt, die Naturerscheinungen in den Griff zu bekommen. Und was sich alle ganz besonders wünschen, ist eine klare, verlässliche und gerechte …

WETTERREGELUNG

Der Flügelschlag eines Schmetterlings auf der südlichen Hemisphäre kann auf der Nordhalbkugel unserer Erde einen Orkan auslösen. Diese vagen Zusammenhänge sind schon lange bekannt, doch erst vor kurzem schien sie die Wissenschaft völlig geklärt zu haben. Namhafte Meteorologen gaben nämlich bekannt, dass man das Wetter nun durch gezielte Maßnahmen völlig beherrschen könnte.

Natürlich freuten sich alle über diese neu gewonnenen Möglichkeiten, doch bald setzte auch eine gewisse Ernüchterung ein. Wer sollte in Zukunft über das Wetter bestimmen? Wessen Wünsche konnten und mussten erfüllt werden? Dass hier nur eine globale Lösung in Frage kam, war klar. Man beschloss, das Wetter über ein internationales Gremium zu steuern, in das jedes Land der Erde seine mehr oder weniger demokratisch ermittelten Forderungen einbringen konnte.

Spontan kam es überall zur Gründung von Wetterparteien, die interessanterweise sofort wieder von den bereits vorhandenen Politikern angeführt wurden. In Österreich gab es da die sozialdemokratisch gefärbte Partei SFA, ‚Sonnenschein für alle', die christlich-soziale RBS, ‚Regen bringt Segen' und so weiter und so fort. Sogar eine Partei für rein österreichischen Sonnenschein entstand und die grüne Bewegung ‚Regen ja, aber kein saurer'.

Bald beschäftigte sich das heimische Parlament mit nichts anderem mehr als dem Wetter, und nach monatelangen Streitereien lag endlich der erste Gesetzesentwurf auf dem Tisch. Das so genannte TAMO, das Tagesabwechslungsmodell mit täglich 12 Sonnen-, 5 Schatten- und 7 Regen- bzw. Schneefallstunden. Da ein guter Teil der Bevölkerung die Sonnenstunden aber erst am Nachmittag genießen kann, sich die Bauern und Schifahrer den Niederschlag mehrheitlich in der Nacht wünschen und der Schatten vor allem am späten Vormittag am angenehmsten wäre, beschloss man schließlich folgende gesetzliche Regelung: 0 bis 7 Uhr Regen bzw. Schnee, 7 bis 12 Uhr Bewölkung und 12 bis 24 Uhr Sonnenschein.

Der Entwurf wurde jedoch vom Verfassungsgerichtshof aus formalen Gründen zurückgewiesen, und so entwarf man in mehreren nächtlichen Sitzungen das WAMO, das Wochenabwechslungsmodell. Montag bis Mittwoch Sonne, Mittwoch bis Freitag Bewölkung und Samstag und Sonntag Niederschläge. Dieses Modell kam bei der Bevölkerung gar nicht gut an, aber bevor noch über ein MAMO, ein Monatsabwechslungsmodell, beraten werden konnte, schlief die ganze Sache wieder ein. Via Facebook und Twitter gab nämlich ein gewisser Petrus bekannt, dass er keine Einmischung in seine Angelegenheiten dulden würde, und dieser alte Herr hat bekanntlich viele einflussreiche Freunde.

Nichts macht man sich leichter als Sorgen. Hat man früher über Ozonlöcher und BSE (wissen Sie noch, was das war?) die Stirne gerunzelt, so beunruhigte kürzlich …

VERSEUCHTER STROM

Dr. Grübler, Dozent am Institut für Experimentelle Physik, hatte gerade die Zeitung gelesen und ärgerte sich. Deshalb setzte er sich an den Computer und tippte einen Leserbrief an die ‚Neuen Nachrichten':

„Sehr geehrte Redaktion! Als Wissenschafter muss ich gegen Ihre dilettantische Berichterstattung protestieren. Heute haben Sie etwas über genmanipuliertes Grundwasser gebracht. Sie schreiben offensichtlich jeden Blödsinn, den Sie irgendwo aufschnappen. Wenn ich Ihnen jetzt erzähle, dass unser Strom aus der Steckdose schwer nitratbelastet ist, dann schreiben Sie das wahrscheinlich auch!"

Eine halbe Stunde später bekam er den Anruf eines Reporters der ‚Neuen Nachrichten'.

„Herr Dr. Grübler, Sie haben herausgefunden, dass im Strom gefährliche Nitrate enthalten sind. Darf ich Sie fragen, wie es dazu kommen kann?"

Dem Dozenten blieb die Luft weg. Diese Idioten hatten die Ironie seines Leserbriefes überhaupt nicht verstanden. Jetzt wollte er es Ihnen aber zeigen und erklärte höhnisch:

„Zur Nitratbelastung kommt es, weil die Hochspannungsleitungen über landwirtschaftlich genützte Flächen führen, auf denen reichlich Kunstdünger eingesetzt wird. Und der dringt über den aufsteigenden Wasserdampf in die Stromleitungen ein!"

„Verstehe, und was kann das für den Konsumenten bedeuten?"

„Schwere gesundheitliche Schäden für jeden, der ein elektrisches Gerät benützt, besonders für ahnungslose Reporter!“

Dr. Grübler knallte den Hörer auf den Apparat und hatte die ganze Angelegenheit bald vergessen.

Am nächsten Morgen traf ihn beinahe der Schlag. Auf der Titelseite der ‚Neuen Nachrichten‘ prangte die Schlagzeile: „Kunstdünger-Strom ist doppelt lebensgefährlich!“ Und während er weiter las, läutete auch schon sein Handy, um in den folgenden Tagen gar nicht mehr aufzuhören. Es waren Medienleute aus der ganzen Welt, und niemand glaubte Dr. Grübler, dass diese Nitratgeschichte ein Scherz gewesen war. Man sagte nur: „Aha, jetzt hat ihn die Strommafia auch schon bestochen!“

‚Wenn es nur so wäre‘, dachte Grübler, aber leider hat er von der Strommafia bis heute keinen Cent Schweigegeld bekommen!

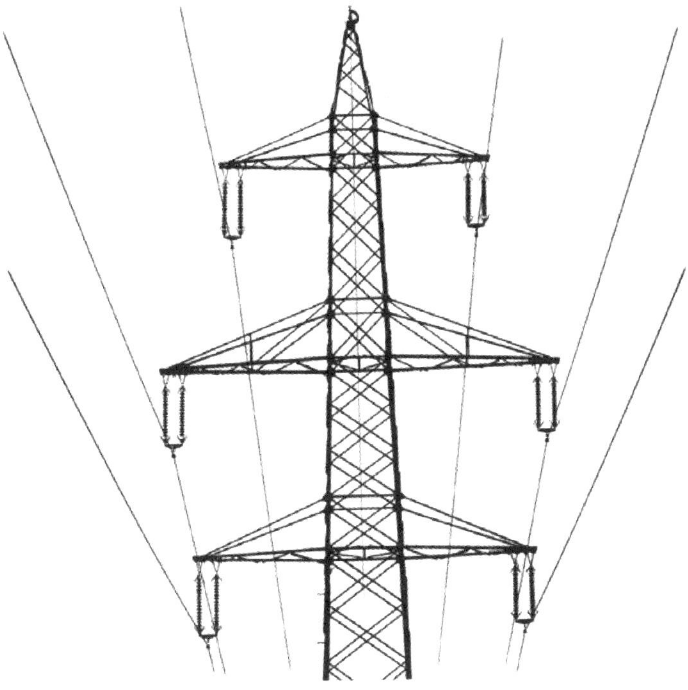

Jeder kann etwas dazu beitragen, dass wir in Zukunft nicht mehr so viele grausliche Kraftwerke brauchen. Herr Walter hat es aber ein wenig übertrieben, das …

Energiesparen

Herr Walter ist mit Sicherheit
ein Inbegriff der Sparsamkeit.
Man müsste eig'ntlich sagen: war,
denn er ist heute nicht mehr da.
Er lebte ganz allein im Haus,
weil Frau und Kinder zogen aus,
als er die Raumtemperatur
einst senkte auf zwölf Grade nur.
Er isolierte ohne End
die Fenster, Türen, Dach und Wänd,
denn tut man da was investier'n,
kann man die Förderung kassier'n.
Nach draußen ging er schließlich kaum,
weil dann strömt Wärme aus dem Raum,
und so entdeckte man ihn auch
im Zimmer liegend auf dem Bauch.
Noch hielt er fest in seiner Hand
zum Abdichten ein Klebeband,
er hatte sich, man staune nur,
verpickt die letzte Luftzufuhr!

In der nächsten Szene treffen einander zwei Ehemänner auf dem Parkplatz eines Supermarktes. Aus ihrem Gespräch geht hervor, dass sie keine Gelegenheitskunden sind, sondern mit allen Wassern gewaschene …

EINKAUFSSPEZIALISTEN

„Servas Walter! Na, was is? Jetzt triff i di heut schon zum dritten Mal! Erst beim Hofer, dann beim Lidl und jetzt beim Spar? Is net früher immer dei Frau einkaufen gangen?"

„Ja früher! Aber jetzt hab ich des in die Hand g'nommen, weil i der Meinung bin, dass ma beim Einkaufen noch wesentlich mehr sparen kann, als sie des tut!"

„Und des musst ihr jetzt beweisen?"

„Genau! Und des mach i hoch professionell!"

„Da bin i aber neugierig!"

„Na, erst überleg i mir, was ma eigentlich brauchen, dann such i ma aus die Postwurfsendungen die Sonderangebote raus, stell mir a Fahrtroute z'samm und mach die Tour!"

„Und was hast heute schon alles kauft?"

„Also, beim Hofer war i wegen der französischen Stangensalami, dann hab i ma beim Lidl den Gouda und des Mineralwasser g'holt, und da kauf i jetzt die Freilandeier und des Klopapier!"

„Dreilagig?"

„Was?"

„Des Klopapier! I hab ma nämlich a grad ans kauft! Dreilagig mit Kamille im Zehnerpackel um 2 Euro 49!"

„Siehst, und genau des selbe Papier kriegst jetzt beim Zielpunkt um 2 Euro 39!"

„Aber nur beim Kauf von mindestens zwa Packeln! Mir brauchst du gar nix erzähl'n, i bin nämlich genau so a Spezialist wie du!"

„Dann sag ma doch bitte einmal, wo heute die Soletti am billigsten san!"

„Beim Penny: 250 Gramm, 95 Cent!"

„Der Weiße Riese in der Großpackung für 90 mal waschen?"

„Interspar 13.99, aber da muss d' fünf Kilometer fahren, deswegen is der Billa mit 14.99 günstiger!"

„Respekt! Aber wenn ma jetzt no lang da auf dem Parkplatz stehn, dann kommen die neuen Sonderangebote raus, und unsere ganzen Kalkulationen san für die Würscht!"

„Apropos! Beim Merkur ham s' grad die Debreziner in Aktion! Vielleicht treff ma uns ja dort no amal!"

„Dort wahrscheinlich net! Aber vielleicht im Autohaus Jedlicka. Die stellen nämlich heute die neuen Modelle vor, und da gibt's die Würsteln überhaupt gratis!"

Wenn jemand Lebenserfahrung gewonnen hat, dann will er sie verständlicherweise auch weitergeben. Besonders Kinder werden gerne mit guten Ratschlägen überhäuft. Zum Beispiel, indem man ihnen zuruft …

FAHR VORSICHTIG!

„Fahr vorsichtig!“, hörte Pauli seinen Vater sagen, als er mit dem neuen Dreirad vom Vorzimmer in die Küche rollte.

„Du wirst noch hinfallen und dir die Knie aufschlagen!“, warnte der Opa, als Pauli verhältnismäßig flott über den Kiesweg lief, und nachdem der Kleine aus der Badewanne geklettert war, ermahnte ihn die Mama, nur ja nicht gleich an die kalte Luft zu gehen, denn: „Einen Schnupfen hat man schneller als man glaubt!“

Auf der Geburtstagsfeier prophezeite Oma ihrem Enkerl nach dem vierten Kuchenstück eine Magenverstimmung, an der Treppe hieß es: „Pass auf, dass du nicht runterpolterst!“ und unten am Teich: „Vorsicht! Du wirst noch reinfallen und pitsche-patsche nass werden!“

Merkwürdigerweise fiel Pauli weder in den Teich, noch die Treppe runter, bekam auf seinem Geburtstagsfest auch keinen verdorbenen Magen und lief durchwegs unfallfrei über den Kiesweg.

Wenn etwas passierte, dann nur, wenn es auch die Eltern nicht vorhergesehen hatten.

Als Pauli älter wurde, hörten die guten Ratschläge keineswegs auf. Nun hieß es: „Gib acht mit dem Moped und pass auf, dass du uns in der Schule keine Schande und deiner Freundin kein Kind machst!“

Pauli ließ alles über sich ergehen, insgeheim schwor er jedoch, später einmal seinem eigenen Nachwuchs, sollte er welchen bekommen, derartige Plattheiten zu ersparen.

Kurz gesagt, er bekam sie, die Kinder. Und kaum hatte Paulis Sohn zum ersten Mal ein Dreirad bestiegen, musste der junge Vater schmunzeln. Nein so was, dachte er, da fährt mein Sohn so wackelig wie ich vor fünfundzwanzig Jahren. Und es ist wahrscheinlich nur einem gütigen Schicksal zu verdanken, dass mir damals nichts geschehen ist. Wie leicht könnte man doch mit so einem Dreirad auf die Nase …

Paulis Gesicht wurde ernster. Er kämpfte noch eine Weile mit sich, sprach aber am Ende doch die für seinen Sohn wahrscheinlich lebensrettenden Worte:

„Fahr vorsichtig!“

Sie sind Persönlichkeiten, die man nicht unterschätzen sollte, wenn sie scheinbar harmlos plaudernd auf der Straße stehen. Wo es nötig ist, vertreten sie nämlich ganz beinhart ihre Sicht der Dinge – die kämpferischen …

KINDERGARTENMÜTTER

„Stellen S' Ihnen vor, der Kevin hat gestern erzählt, dass er mit Ihrer Leonie nimmer spielen mag!", sagte Kevins Mutter, die mit Leonies Mama vor dem Kindergarten stand. Die beiden waren gekommen, um ihre Kinder abzuholen. „Können Sie sich vorstellen, was da g'wesen is?"

„Also, ich misch mich da gar net ein! Des muss sich die Leonie selber regeln, wenn's da a Problem hat!"

„Da bin i ganz derselben Meinung! Des fallt mir gar net ein, dass i womöglich mit einer anderen Mutter an Streit anfang. Außerdem is mei Kevin ja eh so brav!"

„Und erst mei Leonie! Die Kindergartentante hat unlängst g'sagt, dass sie die G'scheiteste von der ganzen Gruppen is! Und die G'scheitere gibt bekanntlich nach!"

„Also, ich hab von der Tante g'hört, dass der Kevin der Intelligenteste is. Seiner Entwicklung nach g'hörert er eigentlich schon in die Schul!"

„Da können S' recht ham! Wenn die Kinder net richtig gefordert san, machen's oft a Menge Blödsinn!"

„Sie reden aber jetzt net vom Kevin?"

„Na, nur so allgemein! Obwohl die Leonie schon etliche Male g'sagt hat, dass sie der Kevin in den Hintern zwickt!"

„Das is aber net Ihr Ernst! Mei Kevin hat noch nie jemanden zwickt! Schon gar net in Hintern!"

„Ja, ma weiß es ja net! Als Mutter is ma ja net immer dabei! Und oft machen die Kinder einfach nach, was sie z'Haus so sehn!"

„Des könnt ma aber bei Ihrer Leonie genau so sagen, so gemein wie die manchmal is! Unlängst erst hab i dem Kevin an Fruchtzwerg mitgeben, und wer hat'n dann gessen? Die Leonie!"

„Wahrscheinlich hat er'n ihr g'schenkt!"

„Aber ka Spur! Sie hat ihn gegen a Packerl Mannerschnitten eintauscht, wo schon die Würmer drin war'n!"

„Ja, wenn der Kevin net auf's Ablaufdatum schaut, is er selber schuld!"

„Des kann er doch no net lesen!"

„I hab glaubt, er is so g'scheit?"

„Frechheit! Ich bin ja nur froh, dass sich der Kevin des net g'fallen lassen wollt und der Leonie das Kindergartentascherl versteckt hat!"

„Sie wissen, wo das is? Also bitte, jetzt wird mir klar, warum sich die zwa Kinder net ausstehen können! Der Kevin is ja a klanes Monster!"

„Und die Leonie, die Leonie is …."

Sie kam nicht mehr dazu, den Satz zu Ende zu sprechen. Denn Leonie und Kevin kamen Hand in Hand aus dem Kindergartentor.

„Hallo Mama!", rief Kevin. „Darf ich heute zur Leonie spielen gehen?"

„Bitte!" flehte Leonie.

Der Mensch ist ein Gewohnheitstier, und wenn zwei solche Gewohnheitstiere aufeinander treffen, dann gibt es oft, wie soll ich es nennen, …

SINGLE-PROBLEME

Eveline ist zu Reinhard gezogen. Das hat allerdings überraschend zu einigen Schwierigkeiten geführt, da beide zuletzt lange Zeit als Singles alleine gewohnt haben.

Zum Beispiel mag es Reinhard gar nicht, wenn der Schlüsselbund nicht am Schlüsselbrett hängt, sondern am Fensterbrett liegt, während es Eveline ungemein stört, dass Reinhard seine Schuhe im Vorzimmer einfach dort liegen lässt, wo er sie ausgezogen hat. Reinhard findet es wiederum sehr ärgerlich, wenn Bilder schief hängen oder Krautfleckerln gezuckert sind. Eveline hingegen wird unrund, wenn der Klodeckel nicht heruntergeklappt ist und der Kaktus zu viel gegossen wird. Apropos stilles Örtchen: Dort kommt Reinhard in Rage, wenn die Papierrolle verkehrt herum im Halter hängt, so wie er zum Beispiel auch Bürsten und Kämme hasst, die voller Haare sind. Eveline schimpft, wenn Reinhard nach dem Einkauf immer ein paar Wurstradeln gleich aus den Papierl isst, und Reinhard hat Eveline jetzt schon tausendmal gesagt, dass der Rotwein nicht in den Eiskasten gehört. Dagegen ist Eveline schlechter Laune, wenn Reinhard sein gebrauchtes Frühstücksgeschirr nicht gleich in den Geschirrspüler schlichtet, und Reinhard mag keine angeblich weichen Eier, die mehr als drei Minuten gekocht haben. Eveline bekommt Anfälle, wenn das Fernsehprogramm nicht zu finden ist, Reinhard den Rappel über das Bügelbrett, das angeblich ständig im Wohnzimmer herumsteht.

Man kann es drehen und wenden wie man will: Männer und Frauen passen einfach nicht zusammen.

Ich habe noch nie in einem Blumengeschäft gearbeitet, aber er ist bestimmt kein Einzelfall, so ein ratloser …

Blumenkäufer

In dem G'schäft von an Floristen
steht zwischen den Blumenkisten
Franz und sucht grad einen Strauß
für die neue Freundin aus.
Und die Blumenfrau sagt: „Na?
Schöne Rosen hätt ma da,
Märzenbecher oder Nelken,
die zwei Wochen lang nicht welken,
Hyazinthen, Margariten?
Darf ich um Entscheidung bitten?"
Franz, vom Blumenduft betäubt
und mit Pollen ganz bestäubt
schaut verzweifelt und verdrossen,
denn er ist so unentschlossen.
Wär'n der Freundin Lilien recht?
Ob sie diese Tulpen möcht?
Außerdem ist da die Sache
mit der blöden Blumensprache.
Wer weiß, was sie sich dann denkt,
wenn man ihr was Falsches schenkt?
So sagt er nur: „Tut mir leid,
das ist mir zu schwierig heut!
Sind S' nicht böse, bitte sehr,
ich kauf ihr a Bonbonniere,
weil die schmeckt ihr sicherlich,
und wenn nicht, dass ess sie ich!"

Von Herrn Franz weiß ich übrigens noch eine Geschichte. Denn er ist wirklich ganz besonders …

UNENTSCHLOSSEN

Sonst kann man ihm ja nichts vorwerfen, aber dass Herr Franz nie weiß was er will, ist halt schrecklich. Kaum hat er sich zu irgendetwas beinahe durchgerungen, so fallen ihm doch gleich wieder tausend Gründe dafür ein, warum man es lieber bleiben lassen sollte.

Und nicht nur die unmittelbaren Folgen seines Tuns bedenkt Herr Franz. Nein, er kalkuliert auch die Folgen und Folgesfolgen der Folgen und kommt am Ende nie zu einem befriedigenden Ergebnis. Ein Beispiel:

Herr Franz begegnet auf der Straße einem Mann. Er hat nun die Möglichkeiten links oder rechts an diesem Passanten vorbeizugehen und beginnt zu überlegen. Nach rechts auszuweichen wäre die logische Variante, aber sieht der Entgegenkommende so aus, als ob er logisch denken könnte?

Herr Franz macht aus purer Verlegenheit einen Schritt nach links, der andere nach rechts, es folgt ein Sidestep nach dem anderen und schließlich der unvermeidliche Zusammenstoß. Ein anderer Fall:

Herr Franz möchte fortgehen und vorher noch etwas essen. Er hat aber nichts im Kühlschrank und müsste fortgehen um einzukaufen. Vor dem Fortgehen wollte er aber noch etwas essen …

Nur die Zeit ist imstande, Herrn Franz von seinen unerfreulichen Zwangslagen zu befreien, indem sie den Unentschlossenen vor vollendete Tatsachen stellt. Dann fühlt sich Herr Franz wieder wohl. Er hat es geschafft und kann sich in aller Ruhe darüber beklagen, dass man ja niemals so könne wie man wolle.

Doch wollte er jemals etwas können? Oder konnte er nur, indem er wollte, was er nicht konnte? Schwer zu entscheiden!

Grundsätzlich freut man sich ja, wenn es dem Personal eines Restaurants nicht egal ist, ob das Essen den Gästen schmeckt. Mit der Zeit kann sie einem aber auch ziemlich auf die Nerven gehen, die Frage …

ALLES IN ORDNUNG?

„War alles in Ordnung?“, fragte der Kellner, während er meinen Vorspeisenteller abservierte.

„Sehr gut, wunderbar!“, antwortete ich, indem ich kurz aufblickte und die Konversation mit meiner Frau unterbrach. Und als ich weiterreden wollte, fragte er auch sie: „Hat's geschmeckt?“

„Das ist doch was anderes, einmal in einem feineren Restaurant zu essen!“, sagte ich, weil ich den Gesprächsfaden verloren hatte. „Ich finde das sehr aufmerksam, wenn es dem Servierpersonal nicht gleichgültig ist, ob es den Gästen mundet!“

„Warum sagst du mundet?“

„Weil es hier zu dieser Atmosphäre passt! Schau, da kommt schon unsere Suppe!“

Wir hatten kaum ein paar Löffel gegessen, da fragte uns schon ein vorbeikommender Ober: „Alles zu Ihrer Zufriedenheit?“

Mit halbvollem Mund sagte ich: „Cher gug!“

„Und bei Ihnen auch, gnädige Frau?“

„Mmmh!“, sagte meine Frau und schüttete sich den Inhalt ihres Löffels über die Bluse. Sie verschwand auf die Toilette, und ich aß schnell die Suppe fertig, weil der nächste Besuch des Kellners bereits in der Luft lag.

„War alles in Ordnung?“, kam es da auch schon über meine Schulter, doch ich nickte nur mit dem Kopf.

Wenig später freuten wir uns wieder vereint über ein köstliches Fischgericht.

„Wenn der Kellner demnächst wieder seine Frage stellt, dann werden wir nicht reagieren!“, beschwor ich meine Frau. „Jetzt geht es um Leben und Tod, denn eine Gräte ist schnell verschluckt!“

Aber er kam nicht, der Kellner. Und wenn, dann ging er wortlos an unserem Tisch vorbei.

„Was ist denn jetzt wieder los?“, fragte meine Frau leicht irritiert. „Interessiert ihn das gar nicht mehr, ob wir das Essen gut finden?“

Ich drehte mich nach allen Seiten um, suchte nach dem Personal und wollte eben durch Zeichensprache signalisieren, dass dieser Fisch vorzüglich wäre, da überfiel mich ein fürchterlicher Hustenkrampf. Eine Gräte hatte sich in meiner Speiseröhre quergelegt, und ich muss ganz kurz das Bewusstsein verloren haben.

Jedenfalls erwachte ich auf einem kleinen Sofa im Extrazimmer, erblickte zwanzig Zentimeter über mir das besorgte Gesicht des Kellners und hörte ihn fragen: „Alles in Ordnung?“

Was tut man, um ein noch nicht so bekanntes Produkt besser zu verkaufen? Eine Möglichkeit ist jedenfalls ein Telefongewinnspiel. In diesem Fall geht es um …

WILLYS KARTOFFELCHIPS

„Willys Chips sind die besten!“

„Was ist los?“

„Willys Chips sind die besten! Ach so, du bist das!“

„Wie kommst du dazu, dich mit so einem blöden Satz am Telefon zu melden?“

„Ganz einfach! Wer von Willys Kartoffelchips angerufen wird und sich gleich mit den Worten meldet ‚Willys Kartoffelchips sind die besten’, gewinnt einen Jahresbedarf Willys Kartoffelchips!“

„Bist du sicher, dass du so viel Willys Kartoffelchips überhaupt haben willst?“

„Ich hasse Kartoffelchips, aber ich spiele für meine Tochter!“

„Dann soll die sich doch selber mit Willys Kartoffelchips melden!“

„Das ist ihr zu peinlich!“

„Und dir ist es nicht peinlich?“

„Natürlich, aber was tut man nicht alles für seine Kinder!“

„Ja, ja, da hast du recht, aber ich würde es, glaub ich, nicht mehr tun!“

„Hast du vielleicht auch schon einmal bei so was mitgemacht?“

„Kürzlich erst! Und bei mir ist das wirklich blöd gelaufen. Das Telefon läutet, und ich melde mich mit dem Sprüchel: ‚Keine Zeit, wir genießen zu zweit die Schaumi-Badegemütlichkeit!’“

„Und? Hast du nichts gewonnen?“

„Nein! Am Telefon war nämlich meine Frau, und jetzt will sie natürlich unbedingt wissen, mit wem ich in der Badewanne gelegen bin!“

Die elektronische Datenverarbeitung hat leider Probleme geschaffen, die man bis jetzt noch gar nicht so richtig bedacht hat. Ich rede hier insbesondere vom laufend anfallenden …

Datenmüll

In einem stillgelegten Steinbruch hat ein Spaziergänger unlängst einen brisanten Fund gemacht. Er entdeckte einen Berg Datenmüll, der nur notdürftig unter einer dünnen Sandschicht verborgen worden war. Genaue Nachforschungen ergaben schließlich, dass es sich in dem Steinbruch um die größte illegale Datenmülldeponie handelte, die in Österreich jemals gefunden wurde.

Wie man weiß, ist der Datenmüll aus unseren Computern äußerst aggressiv und umweltschädlich und darf nur unter Beachtung strengster Sicherheitsvorkehrungen entsorgt werden.

Zudem sind die täglich neu anfallenden Mengen natürlich enorm. Jedes Mal, wenn Sie auf ihrem PC ein misslungenes Urlaubsfoto oder eine uninteressante E-mail in den Papierkorb ziehen, erzeugen Sie neuen Datenmüll. Doch was dann mit dem Zeug geschieht, wenn Sie den Befehl ‚Papierkorb leeren' geben, das interessiert Sie wahrscheinlich nicht mehr. Geben Sie's nur zu!

Wir müssen alle eine neue, verantwortungsvollere Einstellung zum Datenmüll bekommen! Das beginnt schon mit der Müllvermeidung. Es darf einfach nicht mehr so viel Unsinn geschrieben werden, der dann früher oder später im Papierkorb landet. Klopfen Sie nur das in den Computer, was Sie sich wirklich gut überlegt haben und heben Sie irgendwelches Zeug, das Sie heute nicht mehr brauchen können, für spätere Zeiten zur Wiederverwendung auf. So manches Konzept, das heute nicht zu verwirklichen ist, kann schon morgen der große Renner sein. Denn sind wir doch ehrlich: Es gibt ja ohnehin ganz selten wirklich neue Ideen.

Wenn Sie eine Datei trotzdem entsorgen wollen, dann werfen Sie diese nicht achtlos weg, sondern schicken Sie sie an die Adresse www.datarecycling.com, wo aus Datenmüll wieder ganz neue, nützliche Produkte gemacht werden. Für Computerspiele, Werbespots oder Wahlreden reicht der abgelegte Schrott noch allemal.

Landen die alten Dateien dagegen auf wilden Mülldeponien, so kann es leicht sein, dass einzelne Bilder und Textfragmente ins Grundwasser gelangen und über die Nahrungskette wieder vom Menschen aufgenommen werden. Dort führen sie dann zur unkontrollierten Verblödung der Bevölkerung. Und man sieht ja, wie weit die bis heute schon fortgeschritten ist.

Unverständlich lange Wortschöpfungen sind im Alltagsleben nicht sehr praktisch. Deshalb macht man aus ihnen gerne noch unverständlichere …

ABKÜRZUNGEN

Komm, steig ein, das ist zwar kein BMW oder GTI, sondern nur ein ganz ordinäres KFZ, aber dafür hat's ABS und GPS, und für den Notfall hab ich ja den ÖAMTC. Willst du dir eine CD aussuchen oder lieber auf MP3 die EAV hören?

Im ORF auf UKW haben sie vorhin einen Beitrag übers AKH gebracht. Da ist bei einem Touristen aus den USA beim EKG herausgekommen, dass er vielleicht BSE hat, und daraufhin haben sie ein SMS an die WHO geschickt. Für den WWF war natürlich alles gleich eine Folge vom FCKW und CO2. Doch während man noch über die AKWs in der EU diskutiert hat, war der Patient plötzlich auf's WC verschwunden. Durch die verschlossene Tür hat er gesagt, dass das laut ABG und StVO sein gutes Recht wäre. Das hätte unlängst sogar der OGH bestätigt, und da könne sich das ganze BMI mit seinem BKA auf den Kopf stellen.

Wenn du mich fragst, war alles ein Fehler der EDV. Da ist bestimmt so ein HTL-Praktikant vor dem PC gesessen, weil ihn das AMS dorthin vermittelt hat, und hat auf seinem LCD-Bildschirm die DNA verwechselt. Aber soll sich doch das FBI, der CIA oder der KGB damit beschäftigen. Die können sich ja einmal ins Internet, ins WWW, reinhängen und schauen, ob eine Verbindung zur PLO oder IRA besteht.

Ich finde das ja alles nicht OK. Wenn der ATX ein wenig besser wäre, würde ich eine GesmbH gründen und mich auf einen FKK-Strand zurückziehen. Dort könnte ich dann auf einem Handtuch vom C&A sitzen und meinen Schwimmreifen aus PVC aufblasen.

Bedeutende Künstler darf man in der Regel nur dann als solche bezeichnen, wenn sie etwas produzieren, das die Mehrheit der Bevölkerung scheußlich findet. Dies gilt insbesondere für …

Zeitgenössische Kunst

Oft schon hat ein Architekt
mit der Kunst die Leut verschreckt.
Auch so manche neue Maler
machen die Gesichter fahler,
fragt man nach dem Sinn im Bild,
werden Künstler sogar wild!
Ganz zu schweigen von den Listen
der modernen Komponisten.
Deren dissonante Klänge
sind ein Ärger für die Menge,
und die Dichter, durchwegs alle,
schaffen weitere Skandale!
Irgendwie fragt man sich heute:
Was ist los? Was hab'n die Leute?
Ist das breite Publikum
für die Kunst einfach zu dumm?
Oder sind, ganz provokant,
Künstler eh ganz gern verkannt?
Wie auch immer, es macht Freude,
zum Protest der andern Leute
den Geschmack zu überwinden:
was andre ärgert, toll zu finden!

Zu einer Ausstellungseröffnung gehen viele, weil sie sich zu Hause das Abendessen ersparen wollen. Aber bevor man sich am Büffett bedienen kann, muss man erst einmal brav zuhören, bei der …

Rede zur Vernissage

„Chagall soll einmal gesagt haben: ‚Die Farbe ist der fatalste Irrtum in der Kunstgeschichte!' Und er hat damit ein Thema berührt, das schon Leonardo da Vinci unter den Nägeln gebrannt hat. Man denke nur an seinen berühmten Satz ‚È pericoloso sporgersi – Hinauslehnen verboten!' Mit einem hinterhältigen Blau, einem ungesunden Grün oder einem ordinären Rot aus dem Rahmen zu fallen, soll oft nur über die gestalterische Inkompetenz eines Künstlers hinwegtäuschen und hat zum Dialog mit dem Betrachter nichts beizutragen. Zugegeben, es fördert vielleicht die Akzeptanz durch den ordinären Rezipienten, hinterlässt aber letzten Endes eine schale Leere.

In diese Falle ist der Künstler dieser Ausstellung, Andi Warholek, nicht gegangen. Er hat der Versuchung widerstanden und in all seinen Bildern – sei es nun der großartige ‚Herbstfrühling' oder die geniale ‚Abschiedsfreude' – bewusst auf jede banale Färbigkeit verzichtet. Ja, er ist sogar noch weiter gegangen. Bei Warholek löst sich die Linie, die Kontur, der dramatische Strich im sinnlichen Schleier des Unterbewussten auf. Und selbst die Grautöne werden so lange transformiert, bis sie sich im schmerzhaft makellosen Weiß des Hintergrunds verlieren.

Oberflächliche Betrachter werden vielleicht sagen: Diese Leinwand ist leer. Doch weit gefehlt! Warholeks Arbeiten bringen das Nichts gnadenlos auf den Punkt. Wer es sehen will, dem führen diese Bilder in geradezu erschreckender Weise unsere ganze wahnsinnig gewordene Existenz vor Augen, mit aller Sehnsucht nach dem Untergang.

Abgeschmackte Emotionen wird man hier vergeblich suchen, denn auf Warholeks Bildern ist tatsächlich nichts zu sehen, keine Lügen und keine falschen Versprechungen. Nicht einmal Brote mit Eiaufstrich, Lachs und Salami. In diesem Sinn, guten Appetit beim wirklich ausgezeichneten Büffet!“

Er ist ein Begriff. Obwohl seine beste Zeit schon lange zurückliegt, glänzt um seinen Namen noch immer der alte Ruhm. Ich sage nur:

FRANK MARTINELLO

Der Entertainer Frank Martinello lebte schon seit vielen Jahren völlig zurückgezogen in einer großen Villa, durch hohe Mauern vor neugierigen Blicken geschützt. Anlässlich seines 80. Geburtstags hatte man sich wieder an ihn erinnert. Die vom Hubschrauber aus fotografierten Gartenmöbel auf Martinellos Terrasse erschienen in einigen Regenbogenblättern mit der Unterschrift: ‚Hier träumt der einstige Star von den großen Erfolgen seiner Karriere.' Dazu zeigte man die Aufnahme einer streunenden Katze, die damals zufällig aus Martinellos Vorgarten gekommen war, als einziges lebendes Wesen, das dem Sänger heute noch wirklich nahe stand. Dieses Tier oder eines, das so ähnlich aussah, wurde sogar in eine Talkshow des Fernsehens eingeladen, sagte aber nichts. Genauso wenig wie Martinellos angebliche Putzfrau, die sich später als Kantinenangestellte des Senders entpuppte.

Eines Tages sickerte aber doch etwas durch. Frank Martinello war im Spital gesehen worden. Die Krankenhausleitung dementierte, aber gerade das war ja ein Beweis dafür, dass die Geschichte stimmte.

Wo es nicht schon längst geschehen war, begannen die Redakteure unverzüglich mit der Herstellung von Nachrufen, die aber alle unter dem Schönheitsfehler litten, dass es von Frank Martinello schon seit einer Ewigkeit keine aktuellen Fotos oder Interviews mehr gab.

Ein Reporter der Zeitschrift ‚Blick dahinter' besorgte sich daraufhin einen weißen Mantel und ein Stethoskop und schlich ins Krankenhaus. „Wo liegt denn der, na, Sie wissen schon …", fragte er einen Krankenpfleger beiläufig, und der deutete den Gang entlang.

Der Reporter entdeckte das einzige in Frage kommende Sonderklassenzimmer, trat ein und fand ein leeres Bett. Im Badezimmer hörte er Geplätscher.

„Herr Martinello, wie geht es Ihnen?“, rief er durch die geschlossene Tür und erhielt keine Antwort. „Stimmt es, dass Sie mit Marlene Dietrich eine uneheliche Tochter haben? Hat es Sie 1961 schwer getroffen, als Sie Elvis Presley in der Hitparade überholte?“

Immer noch keine Reaktion, aber plötzlich ging die Badezimmertür auf, und es trat eine Putzfrau heraus. „Wo ist denn Herr …?“, fragte der Zeitungsmann.

„Nicht mehr bei uns!“, antwortete die Frau.

Diese sensationelle Neuigkeit musste der Reporter gleich der Redaktion mitteilen. Er stürmte aus dem Krankenhaus und übersah dabei den daherkommenden alten Chevrolet von Frank Martinello, der im Spital gerade einen Freund besuchen wollte, so wie schon vor einer Woche.

Gerade als erfahrener Redakteur hätte er aber auch wissen müssen, dass totgesagte Bühnenstars eine längere Lebenserwartung haben als Journalisten.

Es ist seltsam, was einem so für Gedanken durch den Kopf gehen, wenn man alleine längere Strecken mit dem Auto fährt. Unlängst war das wieder einmal der Fall, und sinnierend rauschte ich durch ein Dorf namens …

SANKT RIZINUS

Die Ortstafel von St. Rizinus passierend, entwickeln sich in meinem Kopf zunächst völlig harmlose Gedankengänge, die sich jedoch innerhalb von Minuten zu sperrigen Brocken verdichten.

Was ist das für eine Grenze, die ich hier überfahre? Sind die St. Rizinianer anders als die Bewohner der Nachbargemeinden? Friedfertiger vielleicht und Meister im Ackerfurchengeradeziehen? Oder gehören sie zu denen, die anderen Dorfgemeinschaften die Maibäume umschneiden? Haben die Frauen hier auf ihren Festtagsschürzen traditionelle Muster, an denen man erkennt, dass es sich um echte Rizinianerinnen handelt?

Auf den ersten Blick zeigt St. Rizinus ja keine Auffälligkeiten. Die Einfamilienhäuser am Ortsrand mit den naturhungrigen Zuzüglern aus den Ballungszentren und Speckgürteln sind schmuck. Wäschespinnen, Griller und Schlauchwagen runden die Idylle ab, und erst wenn man die Kreuzung am Dorfplatz erreicht, zeigt sich das urtümliche Gesicht von St. Rizinus, das die Einwohner übrigens immer nur als Rizinus mit Betonung auf der ersten Silbe aussprechen, weil sie mit dem verdauungsfördernden Saft des Riz*i*nus communis aus der Familie der Wolfsmilchgewächse nichts zu tun haben wollen.

Damit hat man sie schon oft genug geärgert. Wer im Gasthaus ‚Zur Traube' Lokalverbot haben will, der muss nur einmal eine blöde Anspielung machen. Schon gehört er zu jenem gefährdeten Personenkreis, der vielleicht plötzlich keine Luft mehr in seinen Reifen hat.

Dabei ist es natürlich verlockend, sich über den Heiligen Rizinus Gedanken zu machen, von dem der Ort ja offensichtlich seinen Namen hat. War er ein heißblütiger Prediger des wahren Glaubens, der die ausgefeilten Hinrichtungsmethoden des Römischen Reiches kennenlernen durfte? Wann und warum wurde die Pflanze gegen Darmträgheit nach ihm benannt? Wird auch heute noch ein Splitter seines Steißbeins in der Kirche von St. Rizinus aufbewahrt? Zahlreiche Votivbilder verdauungsgestörter Menschen aus mehreren Jahrhunderten lassen darauf schließen. Die heikle Angelegenheit wird aber in keinem offiziellen Touristenführer erwähnt.

Denk ich mir einmal so, weil ich von diesem St. Rizinus in Wahrheit gar nichts Näheres weiß. Ich bin nur ganz einfach mit dem Auto durchgefahren, laut Radarpistole der Polizei um 30 Stundenkilometer zu schnell. 80 Euro! Saubande!

Es gehört zu den aufregenden Momenten des Lebens: wenn der Mechaniker anruft, dem man für alle Fälle die Telefonnummer hinterlassen hat und er sich mit den unheilvollen Worten meldet …

ES WARAT WEGEN IHNERN AUTO

„Service Tschinagl, Grüß Sie! Also für's Pickerl müssert ma noch a bisserl was machen!"

„So, was denn?"

„Nur a Klanigkeit! Die Bremsen san schon ziemlich abg'fahren und die Manschetten undicht!"

„Des haben's aber erst voriges Jahr g'macht!"

„Na ja, a Semmerl, was a Jahr alt is, täten S' ja heut a nimmer essen, oder? Und bei der Gelegenheit sollt ma a den Auspuff genauer anschau'n!"

„Ham S' leicht no nie an g'sehn?"

„Doch, aber kan, der so blast wie Ihnerer. Außerdem wär da noch der Stoßdämpfer links hinten und der Scheinwerfer rechts vorn. Wie g'sagt, nur a paar Klanigkeiten!"

„Und bis wann is mein Auto dann fertig?"

„Des kommt ganz drauf an, ob wir jetzt nur des Pickerl machen, oder bei der Gelegenheit a des 100.000 Kilometer-Service!"

„Was is da alles dabei?"

„Nur a paar Klanigkeiten! Neue Kerzen, Ölwechsel, Filter tauschen, an neuen Zahnriemen einbauen …"

„Sonst no was?"

„Vielleicht a Klanigkeit: die Kupplung rutscht! Is Ihnen des no gar net aufg'fallen?"

„Eigentlich net!“

„Sehn S’, wie gut, dass ma g’schaut ham! Und wenn ma die Kupplung heraußen ham, könnt ma a gleich des Getriebe ausbau’n, was so a Geräusch macht, außerdem die Lichtmaschin und die Einspritzpumpen …“

„Hören S’ auf! Wissen S’ was? I lass mei Auto glei bei Ihnen und kauf ma a neues! Wieviel taten S’ mir denn für’s alte noch geben?“

„Geben kann i da leider gar nix mehr. A Entsorgungsbeitrag warat zum zahl’n, aber des is nur a Klanigkeit!“

Ist Ihnen das eigentlich schon einmal aufgefallen, was in größeren Tankstellen alles verkauft wird? Da bleibt kein Wunsch offen, bei so einem umfassenden …

TANKSTELLENSERVICE

„Fräulein, a Wurstsemmerl bitte!“

„Extra, Pikant, Krakauer, Wiener, Salami, Schinken mit oder ohne Gurkerl …? “

„Extra! A Bier dazu und zwa Topfengolatschen. Weil i find, dass des Gebäck bei euch an der Tankstell wirklich am frischesten is!“

„Des kommt daher, dass wir jetzt sogar an eigenen Backofen ham! Hätten S’ sonst noch was g’funden in unserm reichhaltigen Angebot?“

„Ja! Des T-Shirt da, die Videokamera, den Schlagbohrer, des Perlencollier und die Nilkreuzfahrt!“

„Alles?“

„Krieg i bei Ihnen a an Bausparvertrag?“

„Selbstverständlich! Wir ham jetzt übrigens auch sehr günstige Tarife zum Hundefrisieren und für Zahnimplantate!“

„Wie schaut’s aus mit an Fertigteilhaus?“

„Kein Problem! Soll i glei alles z’sammrechnen, oder tun S’ Ihnen des Haus no überlegen?“

„Na, warten S’ no an Moment! I hab ganz vergessen, dass i ja eigentlich tanken wollt!“

„Tut ma leid! Benzin is heute leider aus!“

Dass einer verächtlich auf den anderen hinunterschaut, gibt es nicht nur bei den Menschen. Unüberbrückbare Standesunterschiede zeigen sich auch zwischen dem mickrigen Fünf-Euroschein und einem aufgeblasenen …

FÜNFHUNDERTER

'S war ein Fünfhundert-Euroschein,
der bildete sich was drauf ein.
Die Zehner und die Fünfer gar,
die waren für ihn Luft. Na klar!
Doch selbst mit einem Hunderter
vermied er gerne den Verkehr.
Denn seinesgleichen nimmt zur Hand
nur der, der etwas Großes plant:
ein Auto kauft, vielleicht ein Haus,
dann nimmt man ihn vom Koffer raus,
ein Börsel ist ja zu gemein
für einen solchen großen Schein.
So reiste er viel durch die Welt,
oft schwarz und als Bestechungsgeld,
doch unlängst nahm ihn jemand nicht
und hielt ihn unter's Laserlicht.
Und siehe da, man staunt nicht schlecht,
der feine Schein war gar nicht echt!

Stellen Sie sich vor, Sie wären eingeladen, in Gesellschaft von Leuten, mit denen Sie leider überhaupt nichts anfangen können. Dann kann er unendlich mühsam werden, der …

SMALLTALK

„Schöner Abend heute …“, sagte Direktor Perlmeier zu Magister Neureich und erhob sein Weinglas um ungefähr fünf Zentimeter. Magister Neureich nickte kaum merkbar zurück und antwortete: „Wirklich ein schöner Abend …“

Die beiden waren auf der Cocktailparty von Konsul Prasser zu Gast und standen gerade alleine an einem der weißen Stehtische. Es wäre unhöflich gewesen, jetzt keinen Small-Talk zu beginnen, andererseits hatten die beiden keine Ahnung, worüber man reden könnte. Ihre Karrieren hatten sie ja schon mehrmals besprochen, und sonst gab es in ihrem Leben keinerlei Interessen.

„Im Wetterbericht haben sie eigentlich was ganz anderes vorausgesagt …“, fuhr Direktor Perlmeier fort.

„Aber der Wein ist gut. Zumindest besser wie gestern bei dieser Galerieeröffnung oder was das war …“, antwortete Magister Neureich, und diesmal war er es, der das Glas um fünf Zentimeter erhob.

„BMW hat jetzt einen neuen Allrad herausgebracht …“

„Ich hab meinen Audi jetzt schon ein ganzes Jahr …“

Beide verstummten wieder für eine Minute, dann nahm Direktor Perlmeier einen neuen Anlauf: „Ich frag mich, wie das jetzt mit den Immobilienpreisen weitergeht …“

„Und mit dem Rohöl …“, ergänzte Magister Neureich, aber mehr hatte er auch zu diesem Thema nicht zu sagen.

Wenn nur irgendwelche anderen Partygäste vorbei gekommen

wären oder wenigstens ein Handy geläutet hätte, aber die beiden waren mit ihrem Kommunikationsproblem mutterseelenallein.

„Ich hab jetzt einen wirklich schönen Golfplatz entdeckt …“, platzte Direktor Perlmeier heraus.

„Und ich war in Rumänien auf der Jagd, aber ich glaub, das hab ich schon einmal erzählt …“, ergänzte Magister Neureich.

„Ich weiß schon gar nicht mehr, wie ich meine Bonusflugmeilen abbauen soll …“, stöhnte Perlmeier, und Neureich ächzte: „Unser Gärtner muss sich mehr um den Rasen kümmern, sonst such ich mir einen anderen …“ Dann kehrte wieder gespannte Stille ein.

„Wir müssen ja heute nicht miteinander reden …“, sagte Perlmeier schließlich, und Neureich fiel ein Stein vom Herzen:

„Da haben Sie Recht! Genießen wir doch einfach diesen schönen Abend!“

In diesem Moment kam Hofrat Füllsack an den Tisch, erhob sein Weinglas um ungefähr fünf Zentimeter und sagte nach längerem Schweigen: „BMW hat einen neuen Allrad herausgebracht …“

Es geht doch nichts über …

DIE GUTE FREUNDIN

Guten Tag, ich ruf Sie an, weil ich Ihre Telefonnummer von der Liesbeth bekommen hab, die eine wirklich gute Freundin von mir ist. Also, eine gute Freundin in dem Sinn, dass wir uns hin und wieder treffen und dann bemerken, dass wir vieles gemeinsam haben. Obwohl mir vorkommt, dass sie sich jetzt schon lange nicht mehr gemeldet hat. Keine Ahnung warum, aber es kann doch nicht sein, dass immer ich diejenige sein muss, die diese Bekanntschaft aufrechterhält! Ich sag Ihnen was, ich ruf die Liesbeth jetzt auch gar nicht mehr an! Soll sie doch bleiben, wo der Pfeffer wächst. Und Sie können mich auch gern haben! Auf Wiederhören und Tschüss mit ü!

Inzwischen hat man sich ja schon fast daran gewöhnt, dass die Leute überall hemmungslos telefonieren. Als unfreiwilliger Zuhörer hab ich da schon die tollsten Dinge miterlebt. Unlängst sogar eine ganze …

LIEBESGESCHICHTE IN FORTSETZUNGEN

Der Mann saß neben mir im Bus und telefonierte offensichtlich mit seiner neuen Freundin. Er turtelte, gurrte und schnurrte, dass es nur so eine Freude war. Schließlich vereinbarte er ein Rendezvous und steckte das Handy in die Tasche.

Am nächsten Tag saß der Typ wieder am selben Platz, und schon nach wenigen Minuten zirpte sein Telefon. Er meldete sich mit: „Wolfgang … Hallo Sabine!!!"

Sofort begann wieder das Gurren und Schnurren, aber dann kam das Gespräch auf einen Punkt, der Wolfgang offenbar gewisse Sorgen machte.

„Warum hast du heute keine Zeit? Gestern hast du gesagt, es wäre ein Französischkurs, und jetzt lernst du plötzlich italienisch? Außerdem musst du mir erzählen, wer dir diese Blumen geschickt hat! … Na gut, dann bis morgen! Ich hab uns schon einen wunderbaren Rotwein besorgt!"

Man kann sich vorstellen, dass ich jetzt wirklich neugierig geworden war, und als ich am übernächsten Tag wieder neben Wolfgang im Bus saß, konnte ich sein übliches Telefonat kaum erwarten. Es geschah aber nichts. Er saß nur da und blätterte in der Zeitung.

„Hallo?!", sagte ich. „Wollen Sie heute gar nicht telefonieren? Jetzt muss ich bald aussteigen und weiß noch immer nicht, was gestern Abend vorgefallen ist!"

Wolfgang schaute mir entgeistert ins Gesicht.

„Was geht Sie das an?“

„Mich persönlich glücklicherweise gar nichts! Aber Sie können in einer Fortsetzungsgeschichte nicht einfach die Auflösung ausfallen lassen! Also, werden Sie Sabine jetzt gefälligst anrufen?“

„Ich denke nicht daran!“, knurrte Wolfgang.

„Aber könnte es nicht sein, dass Sabine auch schon sehnsüchtig auf diesen Anruf wartet? So wie ich sie inzwischen kenne, tut es ihr leid, was gestern vorgefallen ist!“

Das war ein Schuss ins Blaue, aber er funktionierte. Wolfgang nahm sein Mobiltelefon aus der Tasche und tippte in die Tasten.

Es meldete sich eine Männerstimme, wahrscheinlich Sabines anderer Freund. Und der sagte, wie ich deutlich mithören konnte, dass sich Wolfgang brausen gehen sollte. Er formulierte es nur ein wenig anders.

Entspannt stieg ich aus dem Bus. Der Blödmann hat sich wirklich kein Happyend verdient!

Die ältere Dame erzählt gern von ihm. Sie hat ihn ja auch schon sehr lange, und spricht von ihm stets als …

Der Meinige

„Also, der Meinige is wirklich ein Goldstück! I bin a ganz anderer Mensch, seit i den hab!“

„Ja, des stimmt! Du bist in letzter Zeit so ausgeglichen, kommt mir vor! So direkt fröhlich!“

„I fühl mi a besser, seit i a bisserl Bewegung mach. Jeden Abend vor’m Schlafengeh’n!“

„Jeden Abend? Also, des wär mir eigentlich fast wieder zu viel … Bewegung!“

„Na, na! Da g’wöhnt ma sich dran! Da kann i noch so müd sein, wenn er mich dann so anschaut, und sei Blick sagt: ‚Na, wie wär’s?‘ Dann mach i mi glei fertig, und es geht schon los!“

„Aha, und, also, wie lang tut’s ihr dann …?“

„Genau a Viertelstund! Da geht sich grad a Runde aus, und nachher kriegt er von mir immer a klane Nascherei! Net zu viel, weil sonst wird er mir zu dick!“

„Na so was …“

„Mei, fressen tät er ja dauernd irgendwas, wenn ma ihn so lassert. Aber ich möcht ja net, dass er ausschaut wie a Knackwurst!“

„Ja, ja! Meiner steht oft mitten in der Nacht auf und holt sich was aus’m Kühlschrank!“

„Den macht er sich selber auf?“

„Na, soll i’n vielleicht noch bedienen? Oft is ja auch so, dass er nur was trinkt!“

„Des würd ich ihm aber net erlauben!“

„Was?“

„Dass er in der Nacht was trinkt! Weil dann muss er wieder a Lackerl machen und weckt mi auf!“

„Also mit 60 Jahr muss er schon selber wissen, was er macht!“

„Was, dei Hund is schon 60 Jahr alt?“

„Wer redt denn vom Hund?“

Wenn wir schon bei solchen Themen sind, hätte ich da noch ein etwas frivoles Gedicht. Darin geht es um's …

SONNENBADEN

Die Helga ist auf Urlaub und
zwar irgendwo im Süden drunt.
Sie schätzt das Sonnenbaden sehr
und kommt deswegen gerne her.
Am liebsten bräunt sie sich ja nackt,
doch ist's am Strand hier untersagt,
so sucht sie sich in dem Hotel
am Dach drob'n eine gute Stell,
wo niemand sieht, dass sie da liegt
und sicher keinen Ärger kriegt.
Den ganzen Tag spannt sie hier aus
und fühlt sich wohl, so wie zu Haus.
Am Abend in der Halle dann
spricht der Portier sie plötzlich an
und sagt: „Tun S' mich nicht falsch versteh'n,
es ist am Dach nicht vorgeseh'n,
dass man sich räkelt wie am Strand
und noch dazu ganz ohne G'wand.
Denn Sie sind g'legen ganz genau
am Glasdach ob'n vom Restaurant!“

Jede Gemeinde, die etwas auf sich hält, möchte ihren Gästen etwas bieten: einen Badestrand, eine Schipiste oder wenigstens einen Erlebnispark. Nichts von alledem hat …

KLEIN-ZAPFELBERG

Klein-Zapfelberg war immer ein Dorf wie jedes andere und ist, wenn überhaupt, nur durch besonders hartnäckige touristische Erfolglosigkeit aufgefallen.

Diese lässt sich, genau genommen, sogar bis in die Antike zurückverfolgen. Die alten Römer, sonst ja bekannt für ihre Leidenschaft, überall Kastelle, Amphitheater und Aquädukte zu errichten, hinterließen in Klein-Zapfelberg nicht einen einzigen läppischen Tonscherben, der darauf schließen ließe, dass es ihnen hier gefallen hätte.

Rund eineinhalb Jahrtausende später, als der florierende Eisenbahnbau aus manchem unscheinbaren Nest einen Treffpunkt der noblen Gesellschaft machte, verpasste Klein-Zapfelberg eine weitere Chance. Die kühnen Ingenieure der Bahngesellschaften machten um den verschlafenen Ort einen Bogen, den man deuten konnte, wie man wollte.

In der Zwischenkriegszeit versuchte man dann mit einer Seilbahn auf den achthundertfünfundzwanzig Meter hohen Hühnerkogel eine zugkräftige Fremdenverkehrsattraktion zu schaffen, doch wurde dieses Projekt bald wieder verworfen, weil man vom Gipfel des Hühnerkogels auch bei schönstem Wetter keine lohnende Aussicht hat.

In die Schlagzeilen der Bezirkszeitung kam Klein-Zapfelberg noch einmal in den frühen fünfziger Jahren. Damals war aus irgendwelchen Gründen die Vermutung aufgetaucht, dass es sich beim Trinkwasserbrunnen des Ortes um eine Heilquelle handeln könnte. Das Klein-

Zapfelberger Trinkwasser wurde daraufhin von Experten untersucht, und schließlich stand das Ergebnis fest. Das Nass war absolut rein und frei von jedweden heilkräftigen Bestandteilen.

In dieser trostlosen Situation kam endlich Bürgermeister Alois Schmatzer ans politische Ruder; ein Mann, der aus Klein-Zapfelberg das machte, was es heute ist.

Sein großes Verdienst besteht darin, dass er die Amtsgeschäfte nur sehr nachlässig wahrnahm und jede weitere Aufbruchsstimmung im Keim erstickte. Er machte aus dem kleinen Rathaus keinen fünfstöckigen Verwaltungsbau und tat auch nichts, um die schmale Hauptstraße zu verbreitern. Er verhinderte durch seine Untätigkeit die Ausführung einer hinter dem Friedhof geplanten Gocart-Bahn und verdarb einem internationalen Industriekonzern die Lust darauf, einen Betrieb mit fünfhundert Mitarbeitern zu errichten.

Am Ende seiner überdurchschnittlich langen Amtszeit hinterließ der Bürgermeister eine Gemeinde, die für ihre Rückständigkeit weithin bekannt war - und plötzlich als Erholungsparadies ersten Ranges galt. Hier und nur hier gab es noch unberührte Natur. Die Hänge des Hühnerkogels waren intakt, das Ortsbild präsentierte sich im Urzustand bäuerlicher Siedlungskultur, und weit und breit war auch kein böses Industrieunternehmen zu sehen.

Bald kam es zur Gründung des Klein-Zapfelberger Naturparks, und dort, wo seinerzeit um ein Haar die Go-cart-Bahn entstanden wäre, etablierte sich nun ein Gesundheitszentrum für gesundheitsgeschädigte Großstadtmenschen. Zur besonderen Attraktion dieser Anstalt wurde eine Trinkkur mit dem Original-Klein-Zapfelberger-Brunnenwasser.

Wo findet man heute noch eine Quelle von solcher Reinheit? Vielleicht in den Gebirgszügen des Himalaya - oder eben in Klein-Zapfelberg!

Es ist schon faszinierend, welche berühmten Kapazitäten manchmal zusammenkommen, bei so einem internationalen …

ÄRZTEKONGRESS

Mit einer Podiumsdiskussion zum Thema ‚Die menschliche Intelligenz im Spannungsfeld der Verdauung' ist gestern der diesjährige Ärztekongress zu Ende gegangen.

Dr. Schiwago aus Russland hielt in seiner Eröffnungsrede ein leidenschaftliches Plädoyer für die Liebe und bekam volle Unterstützung durch den Bergdoktor, der seine ersten Fälle bekanntlich schon in der Schwarzwaldklinik behandelt hat, damals als Assistent von Dr. Brinkmann, falls ihn noch jemand kennt.

Schärfere Worte fand der englische Arzt Dr. Jekyll. Er warnte vor der Doppelbödigkeit der Gesellschaft und meinte, dass auch er sich jederzeit in ein Monster verwandeln könnte.

„Ich habe gelernt, sogar eine Bombe zu lieben!", antwortete der in den USA lebende, deutsche Wissenschafter Dr. Seltsam. Denn ein Teil der Bevölkerung könne jederzeit in einem Bergwerksstollen überleben.

„Das wäre durchaus denkbar!", ergänzte Dr. Oetker in seinem Statement. Man müsse sich nur mit ausreichenden Mengen von Vanille- und Schokoladepudding versorgen.

Dass man sich aber auch im Bunker zwei Mal täglich die Zähne putzen sollte, ergänzte der von der Werbung bekannte Dr. Best.

Nach ihm trat noch eine Reihe weiterer Persönlichkeiten ans Rednerpult: Etwa Dr. Beckmann mit seinem Fleckensalz, der diesmal besonders schlecht aufgelegte Dr. House und der Spezialist für Frauenheilkunde Dr. Hiob Prätorius.

Sehr still wurde es im Auditorium bei den Wortmeldungen von Dr.

Frankenstein und Dr. Mabuse, sodass man förmlich erleichtert war, als am Schluss der Veranstaltung noch Dr. Doolittle mit seinen Tieren die Bühne betrat. Als ihm der Papagei zu entflattern drohte, rief die zufällig anwesende Barbra Streisand „Is was Doc?“

Es war aber alles in Ordnung und der Landarzt sagte: „Er ist nicht unterzukriegen, der Doktor und das liebe Vieh!“

Von anderen Menschen wissen wir oft viel mehr als von uns selbst. Deshalb nehmen Sie sich ruhig einmal die Zeit und führen Sie ein kleines Selbstgespräch …

VOR DEM SPIEGEL

Walter stand schon eine ganze Weile vor dem Spiegel. Dann sagte er missmutig:

„Hallo Körper! Jetzt muss ich mit dir einmal ganz offen reden! Du kommst mir in letzter Zeit immer wieder mit einem neuen gesundheitlichen Problem daher. Willst du mich einfach nur ärgern, weil dir fad ist, oder verfolgst du damit irgendeine Strategie?

Was soll das jetzt zum Beispiel wieder mit diesen Schmerzen im Knie? War dir das nicht recht, dass ich eine halbe Stunde gelaufen bin? Glaubst du, ich hab das zum Vergnügen gemacht? Ich wollte dir damit einen Gefallen tun, weil es immer heißt, dass Sport gut für den Körper wäre! Ist das jetzt der Dank?

Oder die Geschichte mit den Verspannungen im Rücken: Dir zuliebe habe ich schon ein Schweinegeld für verschiedene Gesundheitsmatratzen ausgegeben, aber dir war ja keine recht! Was glaubst du eigentlich, warum ich an meinen freien Tagen in der Früh so lange im Bett liege, obwohl mir schon alles weh tut? Weil ich einfach nicht gut schlafen kann, und das geht ja schließlich auch auf dein Konto! Offensichtlich hast du deinen Hormonhaushalt nicht im Griff, und ich kann das dann ausbaden!

Was für einen Sinn haben übrigens die Zahnschmerzen am Wochenende gehabt? Genau zu einem Zeitpunkt, an dem ich einen Ausflug machen wollte und natürlich kein Zahnarzt erreichbar war!

Also, raus mit der Sprache! Für wen arbeitest du eigentlich? Für mich offenbar nicht!“

Zornig wandte sich Walter vom Spiegel ab, und im selben Augenblick entkam ihm ein unerwarteter und lang gezogener Furz.

Walter wird daran arbeiten müssen, die Gesprächsbasis mit seinem Körper auf ein halbwegs kultiviertes Niveau zu bringen!

Zu einer dauerhaften Partnerschaft gehört neben der Liebe natürlich auch uneingeschränkte …

EHRLICHKEIT

„Liebling, wir waren doch immer ganz ehrlich zueinander, aber hast du mir auch immer alles erzählt?“, fragte die Ehefrau.

„Wahrscheinlich alles, was für uns beide wichtig war!“, antwortete ihr Mann.

„Vielleicht hat es aber auch einmal etwas gegeben, das dir unbedeutend erschienen ist, für mich aber sehr wichtig gewesen wäre!“

„Das kann natürlich sein …“

„Angenommen, du hättest mich betrogen. Hättest du mir das dann erzählt?“

„Sicher nicht! Betrügen heißt ja, dass man was verheimlicht! Aber ich hab dich nie betrogen!“

„Ich dich natürlich auch nicht!“

„Warum sagst du das jetzt?“

„Weil es stimmt!“

„Aber das könnte doch auch heißen, dass du mich eben sehr wohl betrogen hast und es jetzt nur nicht zugeben willst!“

„Theoretisch wäre das möglich …“

„Du gibst es also zu?“

„Was?“

„Dass du mich betrogen hast!“

„Nein!“

„Du führst ein Doppelleben, und ich weiß nichts davon!“

„Ich sag dir was: Ein Doppelleben wäre mir viel zu anstrengend!“

„Komm jetzt nur nicht vom Thema ab!“

„Was für ein Thema? Das gibt’s doch nur in deiner Phantasie!“

„Aber so viel Phantasie wirst du doch haben, dass du dir einen Seitensprung vorstellen könntest!“

„Vorstellen kann ich mir vieles! Aber wozu sollte ich dir das erzählen?“

„Weil ich es wissen will!“

„Hör zu: Jede Frau hat ein süßes Geheimnis! Und wenn sie keines hat, dann hält sie das erst recht geheim!“

Eines ist jedenfalls sicher: Das Leben dauert nicht ewig, und was davon bleibt, ist letzten Endes nur …

Der Bindestrich

Jeder müht sich ab im Leben
irgendwie hinauf zu streben,
etwas Wohlstand zu erwerben,
selten denkt man da ans Sterben.
Ist es einmal doch soweit,
und man liegt da, lang und breit,
kommt man rein in eine Truhe
und hat ewig seine Ruhe.
Auf dem Grabstein stehen dann
meistens nur zwei Zahlen dran
und dazwischen, säuberlich,
ein ganz kleiner Bindestrich.
Dieser gilt, so ist das eben,
stellvertretend für dein Leben.
Alles, was du je gemacht,
überlegt und ausgedacht,
was du mühsam dir erstritten,
zugefügt hast und erlitten
bleibt am Ende reduziert
auf das Stricherl, und es wird
eines Tags auch das verblassen.
Also bleibe stets gelassen,
was heut noch so wichtig is
wird einmal zum Fliegenschiss!

So lange man lebt, will man sich natürlich wichtig machen, zum Beispiel, indem man ein Buch schreibt. Ist dieses endlich fertig, sollte es der Öffentlichkeit vorgestellt werden, und dazu veranstaltet man …

DIE BUCHPRÄSENTATION

Klaus K. hatte gerade einen neuen Lyrikband herausgebracht und saß im Büro seines Verlegers.

„Das muss eine Präsentation werden, an die man sich noch in hundert Jahren erinnert!“, sagte Klaus K.

„Und wer soll das bezahlen?“, fragte der Verleger. „Mehr als Sekt Orange und ein paar Soletti sind einfach nicht drin! Aber bitte, wenn Sie selbst etwas auf die Beine stellen wollen, hab ich natürlich nichts dagegen!“

Der Autor machte ein entschlossenes Gesicht und brummte: „Darauf können Sie sich verlassen!“

In den folgenden Tagen hing er nur mehr am Telefon, und es gelang ihm tatsächlich, ein sensationelles Programm zusammen zu stellen. Weil dieses aber nichts kosten durfte, musste jeder Mitwirkende auch selbst ein Interesse an der Veranstaltung haben. Und das sah dann folgendermaßen aus:

18 Uhr: Eintreffen der Gäste und musikalische Begrüßung durch die Band ‚The Noisemakers‘, die bei dieser Gelegenheit auch ihre neue CD vorstellt.

Anschließend ‚Zauber des Balletts‘ präsentiert von Preisträgerinnen der Ballettschule ‚Schwanensee‘, verbunden mit der Möglichkeit, sich gleich in den nächsten Kurs einschreiben zu lassen.

Tischzauberei mit den Nachwuchsmagiern des Clubs ‚Magic Moments‘, die sich hier erstmals präsentieren dürfen.

19 Uhr: Begrüßung des Publikums durch den Verlagsdirektor und Vorstellung des gesamten Verlagsprogramms.

Öffentliche Probe des Männergesangvereins ‚Frohsinn' und kurzer Vortrag zum Thema ‚Ein Parteibuch ist immer hilfreich'. Es spricht der Spitzenkandidat bei der kommenden Gemeinderatswahl.

20 Uhr: Präsentation eines Videofilms der Druckerei Schwarz, die das Büffett gesponsert hat: ‚Vom Kunstdruck bis zum Partezettel', danach Anstich eines Bierfasses der Brauerei Hopfinger durch die beliebte Schlagersängerin Gabriele, der Tochter des Brauereibesitzers.

Anschließend Trachtenmodeschau des Hauses Almröserl und Spezialitätenverkostung des Weinbauvereins. Der Abend endet mit einem Brillantfeuerwerk, gewidmet vom Autohaus Krachinger.

Ergänzend zur Buchpräsentation stellt Elektro-Schlagerl seine praktischen Leselampen aus, und das Reisebüro ‚Auf und davon' wirbt für Lesereisen ins Salzkammergut mit 14-tägiger Dauerregengarantie.

Außerdem: Lesebrillen-Gewinnspiel vom Optiker ‚Scharfblick', Stand des Roten Kreuzes mit Gelegenheit zur Blutdruckmessung, Zielspritzen der Feuerwehr und vieles mehr.

Die Veranstaltung wurde ein Riesenerfolg. Leider kann sich niemand an die Lesung des Autors Klaus K. erinnern. Die muss irgendwann zwischen der Tischzauberei und der Trachtenmodeschau gewesen sein.

Ich gebe ja zu, dass viele Geschichten in diesem Buch nicht wirklich genau so passiert sind, wie ich sie niedergeschrieben habe. Aber die folgende ist an der Wahrheit zumindest nahe dran. Es geht dabei angeblich um meine …

Seltsame Familiengeschichte

Es war einmal unmittelbar vor einem Auftritt. Ein alter Mann kam auf mich zu und sagte:

„Ich kenne Sie! Das heißt, ich hab sogar schon Ihren Vater gekannt, als er noch in Sankt Pölten am Postamt gearbeitet hat!“

„Aha …“, murmelte ich ohne wirklich zugehört zu haben, denn ich war völlig damit ausgelastet, meine Mikrofone einzurichten. Das ließ den Mann aber völlig unbeeindruckt. Er redete weiter:

„Und Ihre Mutter ist mir noch aus der Tanzschule in Krems bekannt. Sie war eine hübsche Blondine!“

„Meine Mutter war bestimmt nie eine Kremser Blondine …“, widersprach ich jetzt, aber der Fremde ließ sich nicht beirren:

„Das können Sie gar nicht wissen, da waren Sie ja noch gar nicht auf der Welt!“, erklärte er. Aber dann wurde dieses halbseitige Gespräch beendet, weil der Veranstalter mit seiner Begrüßung begann.

Während meines Auftritts saß der seltsame Typ in der ersten Reihe, im Schlussapplaus stand er auf und wandte sich an das Publikum.

Er wäre gerührt, sagte er, dass er mich heute hier wieder sähe, denn er habe einmal meine Eltern besucht, als ich noch ein kleiner Bub gewesen sei und nicht mehr in den Gitarrenunterricht gehen wollte. Er habe mich aber dazu überredet weiterzumachen. Und nun sähe man ja, was daraus geworden wäre.

Das Publikum war gerührt, und obwohl ich nie Gitarrenunterricht genommen habe und überhaupt keine Ahnung hatte, wovon der Alte sprach, lächelte und verbeugte ich mich. Was hätte ich auch sonst machen sollen.

Beim allgemeinen Verabschieden drückte mir der Mann die Hand, und ich musste ihm versprechen, meine Mutter schön grüßen zu lassen. Den Vater auch, aber vor allem die Mutter.

Ehrlich gesagt, ich habe es meinen Eltern gar nicht erzählt, denn mein Vater hat weder in Sankt Pölten gelebt, noch war er jemals bei der Post, es musste sich alles schlicht und einfach um eine Verwechslung handeln. Aber bitte, ich würde den alten Mann ja bestimmt sowieso nie mehr treffen.

Nach vier Wochen saß er wieder in einem Konzert von mir und wollte natürlich gleich wissen, wie meine Mutter auf seine Grüße reagiert hätte.

„Äh, ich bin leider noch nicht dazu gekommen, sie ihr auszurichten!“, antwortete ich, und schon nahm er mich wieder in Beschlag.

Diesmal erzählte er mir von meinen (in Wirklichkeit natürlich nicht vorhandenen) Schwestern, die ich immer an den Zöpfen gezogen hätte und davon, dass der Würstelstand meiner Eltern am Bahnhof in Wiener Neustadt eine Goldgrube gewesen wäre.

Einen Moment lang überlegte ich, ihn endlich darüber aufzuklären, dass er sich völlig auf dem Holzweg befände. Aber dann sagte ich:

„Sie sind ja bestens informiert! Aber wissen Sie auch, dass wir mit den letzten Käsekrainern in den 60er-Jahren nach Amerika ausgewandert sind, mein Vater Astronaut wurde und meine Mutter Präsidentschaftskandidatin? Leider wurde dann Nixon gewählt und das Apollo-Programm eingestellt, und so sind wir wieder nach Österreich zurückgekehrt!“

„Alle Achtung!“, sagte der Mann. „Das sollten Sie mir noch genauer erzählen!", doch dann endete dieses Gespräch, weil ich zusammenpacken musste.

Auf der Heimfahrt ging mir das Ganze noch im Kopf herum. Ich glaube, ich frage meine Mutter lieber nicht, ob sie einmal in Krems in die Tanzschule gegangen ist. Wenn das nämlich stimmt, hätte ich wirklich ein Problem.

Was sagt man, wenn man etwas gefragt wird und nicht aufgepasst hat? Und wenn es einem außerdem noch ziemlich egal ist, was der andere wissen will? Man murmelt zum Beispiel …

KEINE AHNUNG!

Walter hatte sich eine Zeitung gekauft und wollte sie lesen.

„Wo ist meine Brille?“, rief er.

„Wo du sie hingelegt hast!“, antwortete seine Frau wie immer, wenn er diese Frage stellte.

Er fand die Brille in der Brotdose, wo er sie garantiert nicht hingelegt hatte, sagte aber nichts. Stattdessen setzte er sich seufzend hin und überlegte.

„Hast du jetzt meine Zeitung gesehen?“

Doch seine Frau gab keine Antwort. Vielleicht besser so.

„Das gibt’s doch nicht!“, zischte Walter und begann systematisch alles umzudrehen. Er fand nur das Fernsehprogramm, das er am Vorabend so dringend gesucht hatte.

„Ich hab dir ja gleich gesagt, dass bei uns nichts verschwindet!“, sagte Walters Frau, ohne gefragt worden zu sein.

„Da wird jetzt dieser Film wiederholt, den ich mir gestern anschauen wollte!“, murmelte Walter. „Wo ist denn die Fernbedienung?“

Es war eine rhetorische Frage, denn seine Frau würde es nicht wissen.

„Du hast sie zuletzt gehabt!“, antwortete sie schließlich. Na also!

„Aber vielleicht kannst du mir sagen, wo der Fernseher hingekommen ist!“

„Keine Ahnung!“

Jetzt hatte er sie aber erwischt. Der Fernseher stand natürlich da, wo er immer war.

„Und wer hat unser Auto auf den Balkon gestellt und im Badezimmer den Schneemann gebaut? Das weißt du wahrscheinlich auch nicht!“

„Nein …“, sagte die Ehefrau völlig abwesend. „Warum fragst du?“

Sie hatte ihm schon die ganze Zeit nicht zugehört. Denn sie saß im Wohnzimmer und löste ein Sudoku-Rätsel in der Zeitung, die sich Walter gekauft hatte.

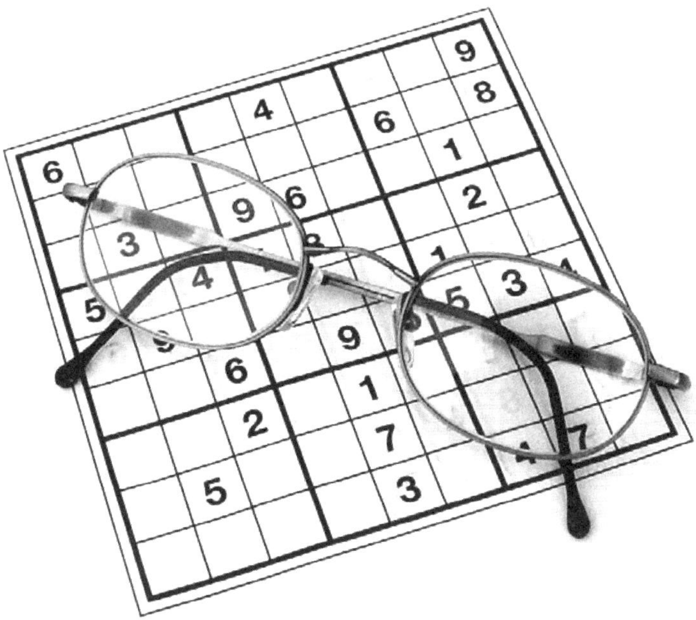

Das liegt den Menschen so im Blut. Stets muss einer den anderen übertrumpfen. Da hat man das protzigere Haus, das teurere Auto, oder man findet im Urlaub ganz einfach mehr …

EIERSCHWAMMERLN

„Na, haben Sie aber einen Haufen Eierschwammerln!“, sagte Frau Pribil zu Herrn Berger, der gerade auf der Terrasse seiner Ferienwohnung saß und seine Pilze sorgfältig putzte. „Haben Sie die alle selber g’funden?“

„Ja, ja!“, antwortete Herr Berger stolz. „Wir waren vorhin am See spazieren, und da sind wir über die Schwammerln förmlich gestolpert!“

„Na, dann lassen Sie sich’s schmecken!“, rief Frau Pribil, die in der benachbarten Ferienwohnung logierte und dachte: ‚Das ist wirklich lächerlich! Da setzt er sich mit seinem Berg Schwammerln hin, damit ihn ja jeder sieht und ordentlich bewundert!‘

Und zu ihrem Mann sagte sie etwas später: „Wir sollten einen Spaziergang zum See unternehmen. Da sind Massen von Eierschwammerln!“

Wenig später waren die Pribils mit einem großen Korb unterwegs. Sie stolperten auch hin und wieder, doch nie über ein Eierschwammerl.

„Jetzt sind wir bald zwei Stunden unterwegs und haben nicht einmal einen wurmstichigen Gallenröhrling gefunden. Morgen werde ich den Berger fragen, wo er genau spazieren gegangen ist!“, klagte Frau Pribil, aber ihr Mann wandte ein: „Richtige Schwammerlsucher verraten ihre Plätze nicht!“

So war es auch. Herr Berger, der gerade wieder vor einem neuen Schwammerlberg saß, meinte nur: „Jetzt sind wir heute extra woanders gegangen, damit ich nicht so viele Schwammerln tragen muss, aber wenn man ein Auge dafür hat, dann findet man sie eben überall!"

Frau Pribil begann sich wirklich zu ärgern, und sie fasste einen Plan.

„Weißt du was?", sagte sie zu ihrem Mann, wenn der Typ morgen wieder Schwammerl sucht, gehen wir ihm einfach nach!"

Und genau so machten sie es auch. In sicherer Entfernung hefteten sie sich an Herrn Bergers Fersen, und bald waren auch sie fündig. Mit einem großen Korb voller Pilze kehrten sie in ihre Ferienwohnung zurück. Billig war das Zeug allerdings nicht:

Ein Kilogramm Eierschwammerl aus Litauen kostet im Supermarkt nämlich 12 Euro 90!

Es ist durchaus erfreulich – der Gedanke des Umweltschutzes lebt. Am allermeisten in den führenden Köpfen der Konsumgüterindustrie, die sich immer wieder etwas Neues einfallen lässt, um es dann als besonders umweltfreundlich zu verkaufen. Was bisher fehlte, ist aber …

DER VOLLBIOLOGISCHE COMPUTER

„Haben Sie heute noch diese Vierkorn-Weckerln?“

„Nur die Dreikorn mit’m Kombucha!“

„Ja, dann geben S’ ma die, und tun S’ ma no a Tofu-Schnitzerl rein, mit der Sesam-Panier!“

„Sonst noch einen Wunsch?“

„Nein danke! Aha! Seit wann gibt’s denn bei Ihnen im Naturkostladen Computer zum kaufen?“

„Seit voriger Wochen! Des is a Weltneuheit: der vollbiologische Computer!“

„Hochinteressant! Und was is der Unterschied zu an normalen Computer?“

„Also, erstens san die Chips aus Kartoffeln von kontrollierten Anbauflächen, und zweitens arbeitet des Gerät wahlweise mit Sonnenenergie oder Hackschnitzelfeuerung!“

„Und wieso ist des Ganze so komisch braun?“

„Weil des Gehäuse aus natürlich abbaubarem Recycling-Karton g’macht is! Der Bildschirm besteht übrigens aus holzfreiem Pergamentpapier mit handg’machte Hinterglasbilder!“

„Wer stellt denn so was her?“

„Z’sammbaut wird der Computer nicht in fernöstlichen Billiglohnländern, sondern bei uns in Österreich von umg'schulte Bauarbeiter im Zuge eines Langzeitarbeitslosenprojekts!"

„Und die Maus?"

„Kommt aus Zuchtbetrieben mit Freilandhaltung, und, falls Sie das auch interessiert, der Drucker arbeitet mit handgemolkener Tintenfischtinte aus'm Waldviertel!"

„Im Waldviertel gibt's Tintenfisch?"

„Steht zumindest im Prospekt!"

„Na, i waß net … Aber sagen S' einmal, der Computer funktioniert a wirklich?"

„Net unbedingt! Aber des is ja der große Vorteil: falls der vollbiologische Computer nicht funktionieren sollte, is er völlig bedenkenlos verheizbar. Und die Maus lasst ma einfach frei!"

In den so genannten westlichen Konsumgesellschaften ist es heute üblich, dass man nicht mehr benötigte Sachen einfach wegwirft. Etwa …

DAS SOFA

Ich hab ja lange nachgedacht,
doch heute hab ich ernst gemacht,
es hat ja wirklich keinen Sinn,
das Sofa ist ganz einfach hin!
Die Federn sind zerbrochen, und
es ist zerfetzt von Katz und Hund,
die Farbe, dieses dunkelbraun,
ist auch schon nicht mehr anzuschaun.
Ich freu mich wirklich sehr darauf,
dass ich mir bald was Neues kauf!
Jetzt steht das Sofa vor dem Haus,
und ich schau immer wieder raus.
Es regnet leicht und ist schon kalt,
nun kommt das Sperrmüllauto bald,
und dann, das muss man halt auch sag'n,
dann fährt davon mit diesem Wag'n
ein Stück der schönsten Jugendzeit,
um die tut's mir natürlich leid!
Erinnerst du dich noch daran,
wie wir zwei beim Ikea war'n,
um dieses Sofa auszuwähl'n
und dann ins Wohnzimmer zu stell'n?
Was haben wir nicht alles drauf
gemacht in unserm Lebenslauf:

Geschmust, gelacht und diskutiert,
mitunter alkoholisiert,
dann sind die Kinder drüberg'hupft
und hab'n die Pölster rumgeschupft,
sich gar auf eine Torte g'setzt,
den Fleck sieht man noch immer jetzt!
Nun steht das Sofa ganz allein,
da auf der Straße, und ich mein,
so herzlos kann man doch nicht sein …
Weißt was, ich hol es wieder rein!

Vor Jahren sind in vielen Gärten runde, blaue Schwimmbecken aufgestellt worden, dann hat sich der Trend zum eleganten, rundum verfliesten Hollywood-Pool durchgesetzt, und jetzt entstehen überall …

SCHWIMMBIOTOPE

„Hilde, hast du g'sehn, was sich beim Obermüller tut? Bei dem grabt schon seit einer Wochen a Bagger den Garten um! Baut der a Garage oder was?"

Herr Czerny stand mit seiner Frau am Gartenzaun und schüttelte den Kopf.

„Des müsst aber a Tiefgarage sein!", meinte die Gattin. „Bei der Erden, was die schon wegg'führt ham! Die Nachbarin, die Frau Wurzinger sagt, es wird a Biotop!"

„So a Krotenlacken? A Gelsenfarm? Na Servas, des war des Letzte, was i brauchert!"

„Du hast ja keine Ahnung! Biotope macht jetzt jeder! Die Pribil ham schon ans, der junge Reitinger, na alle halt!"

„Und wozu soll des gut sein?"

„Zum Schwimmen und weil's beruhigend is, wenns d' auf die Seerosen schaust!"

„Na, i brauch des net!", beharrte Herr Czerny, war aber doch ein wenig neugierig geworden. Heimlich begann er alle möglichen Zeitungsartikel über Schwimmbiotope zu lesen und schaute sich die Gartenteiche der Umgebung an.

„Grüß Sie!", rief der junge Reitinger Herrn Czerny zu , während er in seiner neuen Wasserlandschaft im ehemaligen Vorgarten planschte. „Is schon a feine Sache! Immer wenn ich von der Arbeit komm, hupf ich als erstes da ins Biotop!"

Drei Monate später fuhren auch bei Herrn Czerny die Baufahrzeuge auf. Sein Garten war inzwischen der letzte in der ganzen Siedlung, wo noch eine ordinäre Wiese wuchs. Bald entstanden aber auch hier Stege, Brücken und ein drei Meter hoher Wasserfall.

Und seltsam! Allmählich begann sich im Ort das Klima zu verändern. In der Früh waren die Autos dick mit Tau beschlagen, und es entluden sich oft tropische Gewitter, die man in dieser Gegend noch nie erlebt hatte.

Eine große Überraschung waren auch die ersten Krokodile. Irgendein Witzbold hatte wahrscheinlich ein Pärchen ausgesetzt, und nun vermehrten sich die Tiere wie verrückt. Mangroven begannen die Gartenzäune zu überwuchern, drangen mit ihren Luftwurzeln in die Häuser ein und schufen ideale Lebensbedingungen für weitere tropische Tiere wie Papageien und Taranteln.

Zwangsläufig veränderte sich auch das Leben der Siedlungsbewohner. Sie lernten mit Buschmessern und Moskitonetzen umzugehen und wussten auch bald, vor welchen Schlangen man sich besonders in Acht nehmen muss.

Der Bürgermeister fasste die Vorgänge in seiner Gemeinde einmal sehr treffend zusammen: „Alle reden vom Klimawandel. Wir haben ihn geschafft und zwar ganz aus eigener Kraft!“

Es gibt im Freizeitsport nur zwei Möglichkeiten. Entweder man bewegt sich von Natur aus gerne oder man zwingt sich dazu. Wenn man sich dazu zwingt, besteht allerdings die große Gefahr, dass man bei der erstbesten Gelegenheit wieder alle guten Vorsätze vergisst. So wie in dieser …

LÄUFERKARRIERE

Ich habe einen lieben und in mancherlei Hinsicht bewundernswerten Freund. In einem Punkt fand ich sein Verhalten allerdings eine Zeit lang ziemlich lächerlich.

Das hat damit zu tun, dass er unlängst verkündete, in Zukunft mehr Sport zu betreiben und regelmäßig laufen zu gehen. Also rüstete er sich mit sündteuren Schuhen, Schweiß diffundierender Spezialkleidung und einem elektronischen Pulsmesser aus und begann mit dem regelmäßigen Training.

Das heißt, regelmäßig war das Training nur beim ersten Mal. Am nächsten Tag musste er schon mit einem Muskelkater pausieren, und am dritten Tag lief er mit Müh und Not die halbe Strecke. Dann begann eine längere Schlechtwetterperiode, in der mein Freund von vornherein zu Hause blieb.

Eine vertrottelte Ausrede löste die andere ab, und wenn ich sage, dass der Kerl im letzten Jahr insgesamt fünf Mal gelaufen ist, übertreibe ich schon. Dabei faselte er aber ständig etwas von irgendwelchen Glücksgefühlen, von Endorphinen und Alphawellen im Gehirn, ohne die er nicht mehr leben könne.

Ich finde das alles, wie gesagt, absolut hirnrissig, aber interessiert hat mich die sportliche Karriere meines Freundes schließlich doch.

Ich kaufte mir Schuhe, mit denen das Laufen angeblich Spaß macht. Und ich erstand auch die Schweiß diffundierende Kleidung und einen elektronischen Pulsmesser.

Keine Ahnung, wie die Menschen ohne dieses Zeug Jahrtausende lang auskommen konnten, aber wahrscheinlich sind sie nie richtig gelaufen.

An einem Montag nahm ich das Training auf, am Dienstag musste ich mit einem Muskelkater pausieren, am Mittwoch lief ich mit Müh und Not die halbe Strecke, bevor schließlich eine längere Schlechtwetterperiode einsetzte.

Danach riss das Schuhband, und ich kam nicht dazu, ein neues zu kaufen, der Pulsmesser hatte leere Batterien, ich bekam leichtes Halsweh, die Gräser blühten, ich musste in meiner Freizeit den Gartenzaun streichen, und ich konnte das diffundierende Leiberl nirgends finden.

Tatsache ist aber auch, dass ich mit meinem Freund nun wieder sehr gut auskomme. Vor allem deshalb, weil Endorphine und Alphawellen bei einem gemütlichen Viertel Wein ein sehr gutes Gesprächsthema sind.

So war es doch immer schon: Kaum ist man in einer Runde nicht persönlich anwesend, wird man auch schon ausgerichtet. Wer's nicht glaubt, verfolge nur einmal dieses …

KAFFEEPLAUSCHERL

„Na, wo ist denn die Hilde? Wollt die net auch zu unserem Plauscherl kommen?"

„G'sagt hat sie's!"

„Des wär aber wirklich schad, wenn's net kommen tät!"

„So ein lieber, herzensguter Mensch, was die is!"

„Manchmal fast schon zu gut, wenn's d' mich fragst!"

„Stimmt! Aber sie merkt des gar net, dass Sie hint und vorn nur ausg'nutzt wird! Sie is ja sonst ganz intelligent, aber da fehlt ihr irgendwie des G'spür!"

„Sie hat halt nix im Kopf wie die Kinder und sonst überhaupt keine Interessen!"

„Na, so is das auch wieder net! Hast schon einmal g'sehn, wenn die Hilde einkaufen geht? Da ist ihr nichts zu teuer!"

„Nur Geschmack hat's leider überhaupt kan! Fürchterlich, wie die Hilde immer daher kommt! Und wenn's d' ihr des sagst, wird's direkt unfreundlich!"

„Sie ist ja in letzter Zeit überhaupt so komisch! Du kannst ja ka normales Wort mehr mit ihr reden!"

„Richtig arrogant is worden!"

„Hochnasert!"

„Ich bin richtig froh, wenn ich nix mit ihr z'tun hab!"

„Psst!"

„… Ja Hilde, wenn man von der Sonne spricht! Wie schön, dass d' doch noch kommen bist! Wir wollten schon wieder z'hausgehn! Weil so a Kaffeeplauscherl ohne dich is wirklich a halbe Sache!"

Was vergisst man gerne, wenn man zum Beispiel in einem Kaffeehaus gesessen ist und es beim Fortgehen nicht mehr regnet? Natürlich den …

REGENSCHIRM

„Herr Ober, bringen S' mir eine Melange und erinnern S' mich bitte dran, dass ich nicht meinen Schirm vergess, wenn ich wieder geh!"

„Bitte sehr, bitte gleich! Eine Melange und den Schirm nicht vergessen …"

Der Ober verschwand, und Karl nahm sich eine Zeitung. ‚Raubüberfall mit Schirm', las er da. ‚Die 78-jährige Johanna B. hatte am Bankomaten gerade einen höheren Geldbetrag behoben, als sie ein bisher unbekannter Täter mit einem Regenschirm niederschlug.'

Neben dem Artikel war ein gelber Regenschirm abgebildet, und darunter stand: ‚Wer hat so einen auffälligen gelben Regenschirm gesehen?'

„Eine Melange, der Herr!", sagte der Ober und fixierte dabei unwillkürlich die gerade aufgeschlagene Zeitung. Er stellte das Silbertablett auf den Tisch und warf einen kurzen Blick auf den Schirmständer. Dort steckte Karls knallgelber Regenschirm.

Karl durchzuckte ein heißer Blitz. Es war völlig klar, was der Ober jetzt dachte, und er fühlte sich plötzlich gar nicht wohl. Aus den Augenwinkeln begann er den Kellner zu beobachten.

Der flüsterte mit einem Kollegen, gleich würde er wahrscheinlich telefonieren.

Karl trank hastig seinen Kaffee, legte drei Euro auf den Tisch und stand auf.

„Wünschen zu zahlen?“, fragte der Ober.

„Ja, ja … ich hab’s leider sehr eilig!“

Damit versuchte sich Karl davonzumachen, doch der Kellner versperrte ihm den Weg.

„Bitte den gelben Schirm nicht zu vergessen!“

Karl hörte, wie seltsam der Ober das Wort ‚gelb’ betonte und dachte nur mehr an Flucht. Inzwischen hatte der Kellner auch noch den Schirm aus dem Ständer genommen und schwang ihn in der Luft.

„Wissen Sie, der Schirm gehört eigentlich meiner Frau, und die ist erst gestern von einer Kur zurückgekommen!“, krächzte Karl.

Der Ober nickte.

„Den Schirm hab ich also am Dienstag, wo dieser Raubüberfall passiert ist, noch gar nicht gehabt!“

„Was wollen Sie damit sagen?“

Karl merkte, wie ihm der Schweiß auf die Stirne trat. „Ich will damit sagen, dass dieser Schirm ein Alibi hat … vielmehr, dass ich eines habe …“

„Ja, der Schirmüberfall! Der war gleich da bei uns um die Ecke. Ist aber schon aufgeklärt …“, sagte der Ober. „Ich hab mich eh schon gewundert, weil Sie vorhin so aufmerksam in dieser Zeitung von letzter Woche geblättert haben!“

Über die Gespräche zwischen Ober und Gast gibt unzählige mehr oder weniger gute Scherze, ebenso über Ärzte, Beamte, Kannibalen, Mantafahrer und was weiß ich. Das ist alles gut und schön, es gibt aber nur wenige, die es wirklich gut können: das …

WITZE ERZÄHLEN

Es gibt Menschen, die können aus dem Gedächtnis unzählige Witze erzählen. Ich dagegen hab in meinem Kopf nur einen einzigen Speicherplatz, der für Witze vorgesehen ist. Und zwar befindet sich dort immer nur der jeweils letzte, den ich gerade gehört hab. Jetzt zum Beispiel der Witz von den zwei Schlangen, wo die eine sagt … Ähm … ich sollte vielleicht noch hinzufügen, dass ich mir natürlich auch diesen einen Witz nicht ewig merken kann. Was sagt nur diese Schlange? Na egal, es wird mir schon wieder einfallen.

Aber es kommt natürlich auch sehr darauf an, dass man Witze gut erzählt. Zum Beispiel den, wo der Gast sich beim Kellner darüber beschwert, dass die Tischdecke so unappetitlich ist. Und der Kellner sagt: ‚Ich hab ja nicht wissen können, dass Sie die Tischdecke auch mitessen wollen!'. Wenn man den Witz ordentlich erzählt, ist er zum Totlachen. So wie ich ihn bringe, natürlich nicht.

Haben Sie auch schon solche Spezialisten erlebt, die in Gesellschaft zur Höchstform auflaufen? Wenn es mehrere sind, kann es dabei zu fürchterlichen Wettkämpfen kommen. Da fängt dann einer an: „Der kleine Rudi kommt zum Zahnarzt und sagt: ‚Bohren brauchen Sie nicht, das Loch ist nämlich schon drin!'".

Bevor jetzt allgemeines Gelächter ausbricht, ruft schon der nächste:

„Kennt's ihr den? Sagt der Polizist zum Autoraser: ‚Haben Sie nicht die Geschwindigkeitsbeschränkung gelesen?' Worauf der Autofahrer antwortet: ‚Bei dem Tempo auch noch lesen?'"

Aber keiner gönnt dem anderen den Applaus, und so schreit schon wieder einer: „Was haben ein U-Boot und ein Computer gemeinsam? Immer, wenn man ein Fenster aufmacht, gibt's ein Problem!"

Fürchterlich sind solche Witzeorgien, besonders, wenn dann solche Blondinenscherze kommen. ‚Wie bringt man eine Blondine am Freitag zum Lachen? Indem man ihr am Donnerstag einen Witz erzählt!'. Ha-ha-ha!

Da sind mir ja noch die Ärztewitze lieber. Zum Beispiel der, wo ein Patient seinen Arzt am Friedhof trifft und fragt: ‚Na, Herr Doktor, machen Sie gerade Inventur?'

Aber, wie gesagt, ich persönlich wär schon froh, wenn ich den einen Witz mit den zwei Schlangen erzählen könnte, wo die eine Schlange die andere fragt: ‚Sag einmal, sind wir eigentlich giftig? Ich hab mir nämlich gerade in die Zunge gebissen!'

Da schau her, jetzt kann ich ihn wieder! Aber ich hab ja gesagt, einen merk ich mir!

Oft sind die Leute nicht nur humorlos, sondern auch ziemlich unverschämt. Ein gewisser Ferdl (Name von mir geändert) ist ein ganz besonders raffinierter …

ZECHPRELLER

Der Ferdl sitzt im Gasthaus drin,
und plötzlich kommt ihm in den Sinn,
er hätte gern ein kleines Bier.
„Herr Ober, bitte bringen S' mir
a kühles Blondes, frisch vom Fass!"
Der Ober nickt und bringt ihm das.
Da fallt dem Ferdl plötzlich ein,
er hätt doch lieber g'habt an Wein.
Der Kellner ist nicht sehr erfreut,
doch so san's eben oft, die Leut!
Er trägt das Bier gleich wieder weg
und stellt den Wein am selben Fleck.
Der Ferdl trinkt das Glasel aus,
steht auf und will zur Tür hinaus.
Da sagt der Ober: „Aber Halt!
Sie hab'n den Wein noch net bezahlt!"
Der Ferdl meint: „Des is ja klar,
weil der ja jetzt nur eintauscht war.
Der Wein gegen des Seidel Bier,
da zahl i nix, so denk ich mir!"
Der Ober sagt: „Na dann sind S' doch
das Bier mir eben schuldig noch!"
Der Ferdl lacht und sagt nur knapp:
„Wenn ich's doch gar net trunken hab?"

Probleme mit der Kundschaft gibt's aber nicht nur im Wirtshaus, sondern zum Beispiel auch in der Buchhandlung. Da kommt so ein unentspannter Typ auf die Verkäuferin zu, und sie ahnt gleich, er ist ein …

Schwieriger Kunde

„Guten Tag! Haben Sie vielleicht dieses neue Buch, was i unlängst bei an Bekannten g'sehn hab?"

„Also, da müssen S' mir schon a paar genauere Hinweise geben! Um was geht's denn in dem Buch?"

„Was ich so beim Durchblatteln g'sehn hab, geht's jedenfalls um so an Dings, so an Shrimpscocktail!"

„Aha, dann is es vielleicht die Neuerscheinung ‚Hilfe, die Gäste kommen! 99 Vorspeisen in letzter Minute'!"

„Kommt sonst noch was in Frage?"

„Natürlich! Fast jeder Autor schreibt heute Kochbücher!"

„Ich glaub, was ich such ist gar kein Kochbuch!"

„War der Cocktail in Ihrem Buch vielleicht vergiftet?"

„Wie kommen Sie drauf?"

„Ich meine nur, dann könnte es ein Krimi sein! Zum Beispiel ‚Eine Leiche zum Aperitif'! Kriminalromane sind nämlich derzeit auch sehr beliebt. Jeder Autor, der schon ein Kochbuch geschrieben hat, schreibt als nächstes einen Krimi!"

„Ach so! Aber so dramatisch ist die Geschichte gar nicht gewesen. Es waren nämlich auch ein paar nette Bilder drin!"

„Dann meinen Sie vielleicht ein Kinderbuch? Da hätt ich zum Beispiel ‚Shrimpys Abenteuer – Ein kleiner Krebs reist um die Welt!"

„Glauben Sie, dass das wirklich möglich ist?“

„Mein Gott! Es ist ja nur eine erfundene Geschichte!“

„Aber ich glaube, was ich gelesen hab war nicht erfunden!“

„Das müssen Sie mir doch gleich sagen! In diesem Fall tippe ich auf ‚GAU im Ozean – Das programmierte Ende der Shrimps‘. Na, was sagen Sie jetzt?“

„Tja, Sie werden lachen, aber mir fällt gerade ein, dass in dem Cocktail gar keine Shrimps drinnen waren sondern Zuckermelonen! Haben Sie auch was über Melonen? … Hallo? … Eine merkwürdige Bedienung ist das hier!“

Leute, die offensichtlich nichts Besseres zu tun haben, suchen regelmäßig nach einem Wort des Jahres. Ich hätte einen Vorschlag. Wie wär's mit …

SPARKURS

In der Firma muss jetzt eisern gespart werden. Deshalb hat man ein paar externe Einsparungsfachleute geholt, die bald dahinter gekommen sind, dass in allen Unternehmensbereichen Sparpotentiale vorhanden sind. In einer Gesamtaufstellung der Sparprioritäten wurde überraschenderweise festgestellt, dass die vorrangigen Sparziele dort zu suchen sind, wo es die größten Einsparungspotenziale gibt.

Nicht immer begegnet man allerdings auch der nötigen Sparbereitschaft, obwohl über die Notwendigkeit des Sparens generell kein Zweifel bestehen kann.

So fühlt sich zum Beispiel die Unternehmensleitung selbst nicht so sehr von den Sparplänen betroffen, weil das Sparen in der Führungsebene ihrer Meinung nach Sparsamkeit am falschen Platz wäre. Vielmehr sollte das Sparbewusstsein in der Belegschaft geweckt werden, da viele kleine Einsparungen in Summe den größten Spareffekt bringen könnten.

Die Nachricht, dass man bereits an konkreten Personaleinsparungsplänen arbeite, will man sich einstweilen sparen. „Wir haben große Sparpläne!", sagte der Direktor bei einer Betriebsversammlung zum Thema ‚Sparkurs der Firma'. „Und das bedeutet nicht mehr und nicht weniger als Sparen auf der ganzen Linie!"

„Wir werden verhindern, dass man diese Firma kaputt spart!", erklärte dagegen der Personalvertreter.

Doch, ehrlich gesagt, hängt allen das Thema Sparen bereits zum Halse heraus. Man ist der Meinung, dass man ohnehin schon immer gespart hat und sich noch größere Sparsamkeit nicht vorstellen kann. Die Belegschaft meint, es sollten erst einmal die externen Einsparungsfachleute eingespart werden. Aber die sind ohnehin schon vom nächsten sparwütigen Unternehmen angeheuert worden und freuen sich, dass man mit Sparkonzepten so viel Geld sparen, äh, verdienen kann.

Man nimmt leider allgemein an, dass jeder begabte Künstler auch über innere Weisheiten verfügt, die für andere nützlich sind. Deshalb fragt man sie gerne nach ihrem …

Lebensmotto

„Es war schön, heute einmal in aller Ruhe über Ihre Arbeit und Ihre Karriere zu plaudern!“, sagte der Reporter, der mit mir gerade ein halbstündiges Interview gemacht hatte. „Zum Schluss jetzt noch eine ganz persönliche Frage. Haben Sie ein Lebensmotto?“

Entsetzlich! Warum hatte er das nicht schon vor dem Interview gesagt, dass er so was hören will, schoss es mir durch den Kopf. Was hinterlässt das jetzt für einen Eindruck, wenn ich sage, dass ich noch nie darüber nachgedacht habe? Ich steh da, wie ein oberflächlicher Idiot! Also kramte ich in meinem Gedächtnis fieberhaft nach irgendeinem Spruch, den ich zum Besten geben konnte.

„Tja!“, sagte ich. „Meine Großmutter hat immer gesagt: *Wenn du glaubst, es geht nicht mehr, dann lasse es bleiben!*“

Der Reporter machte ein überraschtes Gesicht. „Interessant! Und wie hat sie das gemeint?“

„Na ja, das soll so viel heißen wie: *Was du heute kannst verschieben, das solltest du gleich ganz vergessen!*“

„Und nach diesem Motto haben Sie immer gelebt?“

„Und wie! *Erst die Freizeit, dann das Spiel!* Weil: *Reden ist Schweigen, aber Silber ist Gold!*“

„Entschuldigen Sie! Kann es nicht sein, dass Sie das anders meinen?“

„Sicher nicht! Das ist ja das Faszinierende an diesen alten Lebensweisheiten, dass sie immer passen! Nehmen Sie nur den Satz: Wer *auf dem Stein sitz, soll nicht mit Glashäusern werfen!* Oder wie meine Tante Anni immer gesagt hat: *Hässlichkeit ist keine Zier!*"

Der Redakteur schüttelte irritiert den Kopf und sprach: „Also, ich glaube, da haben wir jetzt genug Anregungen, um darüber nachzudenken. Ich danke nochmals herzlich für dieses Interview!"

Aber ich war gerade erst in Fahrt gekommen und rief: „Warten Sie, ich hab da noch ein paar wirklich gute Sachen! *Spring niemals höher als du hüpfen kannst!* Oder: *Lügen haben hübsche Beine!*"

Der Reporter hatte das Aufnahmegerät bereits abgestellt und packte zusammen.

„Da wäre auch noch der wunderbare Satz: *Lebe immer so, dass du jederzeit etwas Gutes tun könntest!* Und: *Geteilte Torte ist halbe Torte!*"

„Auf Wiederschaun, ich hab leider noch einen Termin!", rief der Interviewer. Und während er zum Auto eilte, schrie ich ihm noch nach: *Vor dem Stuhlgang, nach dem Essen, Händewaschen nicht vergessen!*"

Mich soll noch einmal einer nach meinem Lebensmotto fragen!

Wir kommen langsam zum Schluss. Sie wollen mit der Bahn nach Hause fahren, und fragen in einer fremden Stadt nach dem Weg. Dann werden Ihnen unterschiedliche Personen auch ganz verschiedene Antworten geben. Die Frage lautet:

WO GEHT'S DENN HIER ZUM BAHNHOF?

Der Ortsunkundige sagt darauf: „Ah so, da gibt's an Bahnhof?"

Der Einheimische: „Bei der Ampel links, und dann fragen's no amal!"

Der Polizist: „Weitergehn!"

Der Raucher: „Die Bahnhofstrafik hat scho zu!"

Der Choleriker: „Die verdammten Fahrkahrten san scho wieder teurer word'n!"

Der Depressive: „Abschiednehmen ist wie ein kleiner Tod!"

Der Optimist:" Recht ham S', dass' heut was Schönes unternehmen!"

Der Korpulente: „Des Essen im Bahnhofsrestaurant können S' vergessen!"

Der Versicherungsagent: „Ham Sie eh a Reiseversicherung!"

Der Psychotherapeut: „Einfach wegfahren ist keine Lösung!"

Der Eisenbahnfan: „Wollen S' net morgen fahren, mit m' Dampfsonderzug?"

Der Pendler: „Den 8 Uhr 20er ham S' eh grad versäumt!"

Der Bauarbeiter: „Du müssen gehen immer nach die Künette bis zu die Schild von die Umleitung!"

Der Taxifahrer: „Z' Fuaß is auf alle Fälle z'weit!"

So kann man aber auch nicht aufhören, und deshalb habe ich noch etwas Gereimtes vorbereitet. Nur muss ich leider zugeben, es handelt sich um ein völlig …

Sinnloses Gedicht

Es hat doch ganz allgemein jedes Gedicht
ein klein wenig Sinn, leider dieses hier nicht.
Es reimt und es holpert nur blöd vor sich hin,
und niemand zieht daraus den kleinsten Gewinn.
Es ist weder lyrisch, noch kann's was erzähl'n,
und wenn's wer verliert, wird es niemandem fehl'n.
Zum Auswendiglernen ist keiner bereit,
es wäre ja auch nur vergeudete Zeit,
selbst mir, der ich dieses Gedicht ja geschrieb'n
ist es immer ganz unbegreiflich geblieb'n!
Doch wenn Sie jetzt glauben, ich werfe es weg,
dann irr'n Sie sich, denn es hat doch einen Zweck:
Ich schreibe das Zeug auf ein Stückerl Papier,
falt's ganz klein zusammen und stopfe es hier
fest unter den Hax'n vom Tisch, der sodann
jetzt endlich nicht mehr hin und herwackeln kann!

Diese Geschichte wird Sie besonders erheitern, wenn Sie …

AM POLITISCHEN LEBEN ANTEIL NEHMEN:

NUR SO STAUNEN, WAS ALLES PASSIERT:

Leseprobe

So alt kann man gar nicht sein, dass einen der erste Schnee des Winters nicht tief in der Seele berühren würde. Da steht man dann und beobachtet still und andächtig …

DIE SCHNEEFLOCKE

Die Flocke fällt vom Himmelsgrau
und tänzelt über'm See genau.
Wer dort hineinfällt ist verlor'n,
der See ist noch nicht zugefror'n!
Doch treibt der Wind sie gegen West,
was sie sich gern gefallen läßt,
denn nun schwebt unsre Flocke grad
dem Kirchturm zu in dieser Stadt!
Vorbei, sie wirbelt niedrig schon
über dem Parkhaus aus Beton;
so hat sie sich's nicht vorgestellt,
dass sie hier auf die Straße fällt!
Doch knapp über dem Matsch und Dreck
bläst sie der Wind jetzt nochmals weg;
sie steigt erneut ganz in die Höh'
und landet schließlich, wie ich seh
dem alten Schulrat seiner Frau
so auf der Nase ganz genau!
Die Flocke schmilzt und ist dahin,
und doch hatte ihr Leben Sinn:
sie hat Frau Schulrat still und sacht
ganz kurz zum Lächeln heut gebracht!

ISBN: 978-3-902447-66-1

Erhältlich im Buchhandel oder direkt beim Kral-Verlag (www.kral-verlag.at)

Es muss ja nicht immer alles hochintelligent sein, was man so den ganzen Tag daherredet. Manchmal schwelgt man einfach gerne in alten …

KINDHEITSERINNERUNGEN

„Ich hab grad in den Kalender geschaut. Die nächsten Weihnachten fallen auf einen Freitag!“

„Na, hoffentlich nicht auf einen Dreizehnten!“

„Am Dreizehnten ist Ostern!“

„Im Dezember?“

„Im April!“

„Na, dann hab’n wir ja noch Zeit!“

„Mein Gott, Weihnachten … als Kind bin ich da immer gern im Wohnzimmer beim offenen Feuer gesessen!“

„Ich auch, aber meine Eltern haben’s mir dann verboten!“

„Wieso?“

„Weil im Wohnzimmer kein Kamin war!“

„Dann hätt ich’s dir auch verboten. Sind deine Wünsche ans Christkind eigentlich immer in Erfüllung gegangen?“

„Nicht immer. Einmal hat mir eine Tante versprochen, dass ich mir von ihr ein schönes Buch wünschen darf!“

„Und was hast du dir gewünscht?“

„Ein Sparbuch mit tausend Schilling, aber sie hat mir stattdessen nur ein Malbuch geschenkt.“

Außerdem sind da noch die 99 Geschichten im Buch:

ISBN-13: 978-3-902447-22-7

Gewiss, Vergesslichkeit hat auch ihre guten Seiten. Aber es ist doch hin und wieder unangenehm, wenn man auf der Straße einen Bekannten trifft und keine Ahnung mehr hat, wie dieser Typ eigentlich heißt. Glücklicherweise gibt es ein Wort, das in solchen Situationen sehr hilfreich ist:

Der Dings

„So, und jetzt geben S' mir noch a Sackerl Chips!", sagte Herr Wurzinger zu Frau Schagerl, der Gemischtwarenhändlerin.

„Brauch ma wieder was zum Knabbern für's Fernsehen?"

„Gestern sind's ma ausgangen, die Chips, bei der Sendung mit dem Dings …!"

„Mit wem?"

„Mit dem Dings, der so ausschaut, wie der eine Tennisspieler …"

„Ich weiß immer noch nicht, wen Sie meinen!"

„Na, den, der unlängst des Match g'wonnen hat! In … Waswaßi … gegen den … na, helfen S' mir!"

„Hat der net so a Nasen?"

„Na! Eher solche Haar! Und a Freundin hat er, a hübsche, glaub i …"

„Is von der net unlängst was in der Zeitung g'standen? In dem an Blatt'l, was ma grad net einfallt!"

„Jedenfalls macht sie immer diese Werbung für des Katzenfutter, des Dings …!"

„War des net a Versicherung?"

„Möglich! Ich brauch sowas net …"

. . . und nicht zu vergessen die Live-CD mit Liedern und Texten:

ISBN-13: 978-3-902447-61-6

Neuigkeiten, Auftrittstermine und Kontaktmöglichkeit gibt's auf der Internetseite:

www.petermeissner.at

IMPRESSUM
Illustrationen: Peter Meissner
Verleger und Herausgeber:
KRAL-Verlag - Kral GmbH (Inh. Robert Ivancich)
John F. Kennedy-Platz 2, A-2560 Berndorf
Tel: (0043) 2672/82236, Fax: (0043) 2672/82236-4
office@kral-verlag.at, www.kral-verlag.at

Erschienen 2013